Jürgen Kremer

Geld ohne Schuld

Geldsysteme und Vollgeldreform

Prof. Dr. Jürgen Kremer
Hochschule Koblenz
RheinAhrCampus Remagen
Joseph-Rovan-Allee 2
53424 Remagen

02642 – 932 338
kremer@hs-koblenz.de

Jürgen Kremer

Geld ohne Schuld
Geldsysteme und Vollgeldreform

Metropolis-Verlag
Marburg 2016

Bibliografische Information der Deutschen Bibliothek

Die Deutsche Bibliothek verzeichnet diese Publikation in der
Deutschen Nationalbibliografie; detaillierte bibliografische Daten
sind im Internet über http://dnb.ddb.de abrufbar.

Metropolis-Verlag für Ökonomie, Gesellschaft und Politik GmbH
http://www.metropolis-verlag.de
Copyright: Metropolis-Verlag, Marburg 2016
Alle Rechte vorbehalten
ISBN 978-3-7316-1221-6

Für Alexander, Ulrike und für
meinen Vater Helmut Kremer

Inhaltsverzeichnis

Kapitel 1
Bestands-Bargeldsysteme 11
1.1 Überweisungen 12
1.2 Abheben und Einzahlen von Geld 12
1.3 Sparen und Passivtausch 13
1.4 Kredite 14
1.5 Aktivtausch 18
1.6 Anmerkungen 19

Kapitel 2
Bestands-Giralgeldsysteme 23

Kapitel 3
Kredit-Geldsysteme 27
3.1 Ausgangssituation 27
3.2 Die Erzeugung von Guthaben per Kredit 28
3.3 Überweisungen 29
3.4 Abheben von Guthaben 31
3.5 Sparen und Passivtausch 32
3.6 Tilgung und Abschreibung von Krediten 34
3.7 Anmerkungen 36

Kapitel 4
Unser Geldsystem 39
4.1 Unser Geldsystem ist ein Kredit-Geldsystem 39

4.2	Wie das Bargeld in Umlauf kommt	40
4.3	Wie das Buchgeld der Geschäftsbanken in Umlauf kommt	40
4.4	Abschaffung des Bargelds	44
4.5	Funktionsprobleme des bestehenden Geldsystems	45
4.6	Zinsen und Zinstransfer	48

Kapitel 5
Das Vollgeld-System 55

5.1	Reformvorschläge 100%-Money und Vollgeld	55
5.2	Der Übergang zu einem Vollgeld-System	57
5.3	Überweisungen, Einzahlungen und Auszahlungen	60
5.4	Die Tilgung bestehender Kredite	60
5.5	Der Abbau der Staatsschulden	61
5.6	Die Kreditvergabe in Vollgeld-Systemen	63
5.7	Zusammenfassung und Fazit	66

Index 69

Literaturverzeichnis 71

Vorwort

Vollgeld ist ein durchdachtes Reformkonzept für unser Geldsystem. Bevor es dargestellt wird, erfahren Sie in diesem Buch zunächst, wie Geldsysteme grundsätzlich funktionieren können, und dann, wie unser Geldsystem konzipiert ist und welche Mängel es hat. Anschließend wird das Vollgeld-System vorgestellt, seine Funktionsweise erläutert und es wird dargelegt, dass der Übergang von unserem Geldsystem zu einem Vollgeld-System ohne Währungsreform vollzogen werden könnte – wenn der politische Wille dazu bestünde.

Wir beginnen die Ausführungen mit zwei verschiedenen, idealisierten Typen von Geldsystemen, den Bestands-Geldsystemen in den Kapiteln 1 und 2, und den Kredit-Geldsystemen in Kapitel 3, bevor unser Geldsystem in Kapitel 4 besprochen wird. Anschließend wird in Kapitel 5 das Vollgeld-System vorgestellt und analysiert.

Im Folgenden werden die wesentlichen Transaktionen, die im Zusammenhang mit Geldsystemen auftreten, in der Sprache von Bilanzen und Bilanzoperationen formuliert und zusammen mit ihren zugehörigen Buchungsoperationen erläutert.

Eine **Bilanz** hat zwei Seiten. Auf der linken, der **Aktivseite**, werden Vermögen und Forderungen gebucht, auf der rechten, der **Passivseite**, stehen die Verbindlichkeiten und das Eigenkapital. Die Summe aller Einträge auf der Aktivseite muss stets mit der Summe aller Einträge auf der Passivseite übereinstimmen. Die gemeinsame Summe wird **Bilanzsumme** genannt.

Kapitel 1

Bestands-Bargeldsysteme

Wir betrachten in diesem Kapitel ein Geldsystem, in dem ausschließlich Bargeld existiert, das wir uns als Münzgeld vorstellen, und lassen kein Buch- oder Giralgeld zu. Es gibt zwar Bankkonten, aber die Kontenstände repräsentieren lediglich die von den Banken in ihren Tresoren verwalteten Münzbestände. Wir nehmen an, dass in der Vergangenheit eine Anfangsmenge an Münzen von einer Zentralbank an die Bürger ausgegeben wurde, wie es in Deutschland mit Bargeld nach dem Zweiten Weltkrieg geschehen ist. Geld ist in diesem System definiert als die von der Zentralbank über das Geschäftsbankensystem in Umlauf gebrachten Münzen. Wir nennen das betrachtete Geldregime **Bestands-Geldsystem**, weil das Geld als Bestand ausgegeben wird und dauerhaft existent ist. Einmal in den Wirtschaftskreislauf eingebracht, verweilen die Münzen dort theoretisch beliebig lange.

Für die folgende Darstellung der wesentlichen monetären Operationen wird ein aus den beiden Banken A und B bestehendes Geschäftsbankensystem zugrunde gelegt. Bank A hat die Kunden a_1 und a_2, Bank B die Kunden b_1, b_2 und b_3. Die Ausgangsbilanzen seien wie folgt gegeben:

Geschäftsbank A		Geschäftsbank B	
Aktiva	Passiva	Aktiva	Passiva
Geldbestand 20		Geldbestand 30	
	Guthaben a_1 10		Guthaben b_1 10
	Guthaben a_2 10		Guthaben b_2 10
			Guthaben b_3 10
20	20	30	30

Die Guthaben der Kunden werden auf der Passivseite der Bankbilanzen gebucht. Es handelt sich um Verbindlichkeiten der Banken gegenüber ihren Kunden, deren Guthaben gegebenenfalls auszuzahlen. Die in den Tresoren eingelagerten Münzbestände werden auf der Aktivseite als Vermögenswerte verwaltet.

1.1 Überweisungen

Angenommen, a_1 überweist 5 Münzen an b_1. Dann werden 5 Münzen vom Guthaben von a_1 bei Geschäftsbank A abgebucht, zu Geschäftsbank B gefahren, dort im Tresor eingelagert und dem Kunden b_1 gutgeschrieben. Bei Geschäftsbank A reduziert sich dadurch der Münzgeldbestand von 20 auf 15, während er bei Geschäftsbank B von 30 auf 35 erhöht wird. Bilanziell erhalten wir:

Geschäftsbank A		Geschäftsbank B	
Aktiva	Passiva	Aktiva	Passiva
Geldbestand 15		Geldbestand 35	
	Guthaben a_1 5		Guthaben b_1 15
	Guthaben a_2 10		Guthaben b_2 10
			Guthaben b_3 10
15	15	35	35

Würde a_1 5 Münzen an a_2, der ebenfalls Kunde von Geschäftsbank A ist, überweisen, so würde lediglich der Kontostand von a_1 um 5 reduziert und der von a_2 um 5 erhöht. Der Münzgeldbestand und die Bilanzsumme verändern sich bei Überweisungen innerhalb einer Geschäftsbank nicht.

1.2 Abheben und Einzahlen von Geld

Angenommen, b_3 hebt 2 Münzen von seinem Konto ab. Dann lässt sich b_3 zwei Münzen auszahlen, sein Kontostand wird um 2 von 10 auf 8 reduziert, und der Münzgeldbestand von Geschäftsbank B verringert sich von 35 auf 33:

Geschäftsbank B

Aktiva		Passiva	
Geldbestand	33		
		Guthaben b_1	15
		Guthaben b_2	10
		Guthaben b_3	8
	33		33

Das Abheben von Geld reduziert sowohl den Münzgeldbestand als auch die Verbindlichkeiten sowie die Bilanzsumme der betreffenden Bank um den abgehobenen Geldbetrag.

Beim Einzahlen von Geld werden umgekehrt Münzen zur Bank gebracht und dort im Tresor eingelagert, während sich das Guthabenkonto des entsprechenden Kunden um den Einzahlungsbetrag erhöht.

1.3 Sparen und Passivtausch

Beim Sparen verpflichten sich Kontoinhaber, über Anteile ihrer Geldvermögen für einen definierten zukünftigen Zeitraum nicht zu verfügen. Vorausgesetzt, dass dies gesetzlich legitimiert ist, muss die betreffende Geschäftsbank die Sparguthaben in diesem Zeitraum nicht mehr für den sparenden Kunden bereithalten, sondern kann sie anderweitig verwenden, z.B. verleihen. Beim Sparen werden die Sparbeträge von Guthabenkonten auf Sparkonten umgebucht. Diese Operation wird auch **Passivtausch** genannt, weil ein Passiveintrag in einen anderen umgewandelt wird:

Geschäftsbank A

Aktiva		Passiva	
Geldbestand	15		
		Guthaben a_1	5
		Guthaben a_2	5
		Sparen a_2	5
	15		15

Kunde a_2 verfügt über ein Guthaben von 10 und möchte 5 sparen. Dazu schließt er mit seiner Bank einen Sparvertrag ab und die Geschäftsbank bucht die zu sparenden 5 Geldeinheiten auf ein Sparkonto um. Weder der Geldbestand noch die Bilanzsumme einer Bank wird durch Sparvorgänge ihrer Kunden verändert.

1.4 Kredite

Wir nehmen an, dass einige Münzgeldbestände gespart wurden. Die Bank kann diese Sparbeträge nun für den Zeitraum ihrer Stilllegung an Kreditnehmer verleihen.

Die Aufnahme von Krediten

Wir nehmen an, dass a_2 5 Münzen gespart hat:

Geschäftsbank A		Geschäftsbank B	
Aktiva	Passiva	Aktiva	Passiva
Geldbestand 15		Geldbestand 33	
	Guthaben a_1 5		Guthaben b_1 15
	Guthaben a_2 5		Guthaben b_2 10
	Sparen a_2 5		Guthaben b_3 8
15	15	33	33

Die Geschäftsbank A verfügt über einen Münzgeldbestand von 15. 10 Münzen, 5 von a_1 und 5 von a_2, können jederzeit abgerufen werden, nicht jedoch die 5 Münzen, die a_2 spart. Daher kann die Bank einen Kredit bis zu einer Höhe von 5 vergeben. Wir nehmen an, dass Kunde a_1 bei seiner Bank A einen Kredit von 5 aufnimmt, um ein Gut von b_2, das 10 Münzen kostet, kaufen zu können. a_1 verfügt nach Kreditaufnahme über 10 Münzen, d.h., sein Guthaben beträgt 10, und er überweist diesen Betrag anschließend an b_2. Dies schlägt sich in der Bilanz wie folgt nieder:

1.4 Kredite

Geschäftsbank A				Geschäftsbank B			
Aktiva		Passiva		Aktiva		Passiva	
Geldbestand	5			Geldbestand	43		
		Guthaben a_1	0			Guthaben b_1	15
		Guthaben a_2	5			Guthaben b_2	20
Forderung a_1	5	Sparen a_2	5			Guthaben b_3	8
	10		10		43		43

Im Rahmen des Kreditvertrags verpflichtet sich a_1, den Kreditbetrag in Zukunft zurückzuzahlen. Die Bank hat damit eine Forderung gegen a_1, die auf der Aktivseite der Bilanz von Geschäftsbank A unter der Bezeichnung *Forderung a_1* verbucht wird. Aggregiert hat sich die Bilanzsumme des Geschäftsbankensystems durch die Kreditvergabe um den Kreditbetrag erhöht.

Die Tilgung von Krediten

Wir nehmen an, dass b_1 10 Münzen an a_1 überweist. Dann verfügt b_1 anschließend noch über 5 Münzen, während a_1 10 Münzen besitzt und seinen Kredit nun tilgen kann. Kredite sind jedoch nicht kostenfrei. Nehmen wir an, dass für Zinsen und Gebühren je 1 Münze zu entrichten ist, dann muss a_1 insgesamt 7 Münzen zahlen, obwohl er nur einen Kredit über 5 Münzen aufgenommen hatte. Die Situation sieht nach Tilgung wie folgt aus:

Geschäftsbank A				Geschäftsbank B			
Aktiva		Passiva		Aktiva		Passiva	
Geldbestand	15	Eigenkapital	1	Geldbestand	33		
		Guthaben a_1	3			Guthaben b_1	5
		Guthaben a_2	5			Guthaben b_2	20
		Sparen a_2	6			Guthaben b_3	8
	15		15		33		33

Im Rahmen der Tilgung wurde das Guthaben von a_1 zunächst um den Kreditbetrag von 5 reduziert. Parallel dazu wurde auf der Aktivseite die Forderung von 5 gegen a_1 aus der Bilanz ausgebucht. Weiter wurden vom Guthaben von a_1 die Gebühren in Höhe von 1 an das Eigenkapital der Bank per Passivtausch überwiesen. Die Gebühren werden so zu Einnahmen der Geschäftsbank A. Schließlich wurde die Zinszahlung in Höhe von 1 als Sparzinsen auf das Sparkonto von a_2 gebucht, dessen Bestand dadurch von 5 auf 6 angestiegen ist. Insgesamt hat sich durch die beschriebenen Transaktionen das Guthaben von a_1 um 7 von 10 auf 3 verringert. Durch die Tilgung des Kredits wurde die aggregierte Bilanzsumme des Geschäftsbankensystems um den Tilgungsbetrag von 53 auf 48 reduziert.

Die Abschreibung von Krediten

Wir kehren zurück zur Situation, dass a_1 einen Kredit von 5 aufgenommen und sein gesamtes Guthaben an b_2 überwiesen hat:

Geschäftsbank A				Geschäftsbank B			
Aktiva		Passiva		Aktiva		Passiva	
Geldbestand	5			Geldbestand	43		
		Guthaben a_1	0			Guthaben b_1	15
		Guthaben a_2	5			Guthaben b_2	20
Forderung a_1	5	Sparen a_2	5			Guthaben b_3	8
	10		10		43		43

Nun nehmen wir an, dass a_1 seinen Kredit nicht tilgen kann. Erzielt a_1 keine Einnahmen und verfügt auch nicht über Vermögenswerte, auf die zugegriffen werden könnte, so muss die Geschäftsbank A ihren Kredit an a_1 *abschreiben*. Dies bedeutet, dass die Bank den Vermögenswert *Forderung von 5 an a_1* als wertlos einstuft und aus ihrer Bilanz ausbucht. Durch diesen Vorgang verringert sich die Aktivseite der Bilanz von Geschäftsbank A um 5.

Wir sehen, dass Geschäftsbank A nun ein potenzielles Problem hat. Sie verwaltet Guthaben ihrer Kunden im Gesamtwert von 10, verfügt jedoch nur noch über einen Münzgeldbestand von 5. Die Bank ist damit nicht mehr in der Lage, sämtliche Guthaben ihrer Kunden auszahlen zu können.

Darüber hinaus muss nicht nur die Aktivseite, sondern auch die Passivseite der Bankbilanz um den abzuschreibenden Kreditbetrag reduziert werden. Auf der Passivseite steht aber zunächst keine Position zur Verfügung, von der der abzuschreibende Kreditbetrag abgebucht werden könnte. Aus diesem Grund sind Banken dazu verpflichtet, einen Vermögenspuffer zu halten, mit dem die Verluste durch *Forderungsausfälle* gegebenenfalls getragen werden können. Das bedeutet, dass die Eigentümer einer Bank Geld aus eigenem Vermögen einzahlen müssen. Dieses **Eigenkapital** genannte Geldvermögen wird auf der Passivseite der Bilanz als Verbindlichkeit gegenüber den Eigentümern der Bank gebucht.

Angenommen, die Eigentümer der Geschäftsbanken A und B zahlen jeweils 20 Münzen als Eigenkapital ein, so lauten die Bilanzen:

Geschäftsbank A

Aktiva		Passiva	
Geldbestand	25	Eigenkapital	20
		Guthaben a_1	0
		Guthaben a_2	5
Forderung a_1	5	Sparen a_2	5
	30		30

Geschäftsbank B

Aktiva		Passiva	
Geldbestand	63	Eigenkapital	20
		Guthaben b_1	15
		Guthaben b_2	20
		Guthaben b_3	8
	63		63

Muss nun der Kreditbetrag von 5 abgeschrieben werden, so wird auf der Aktivseite die Forderung an a_1 gestrichen, und auf der Passivseite wird das Eigenkapital um den Forderungsbetrag reduziert. Die Bilanz von Geschäftsbank A verändert sich dadurch wie folgt:

Geschäftsbank A

Aktiva		Passiva	
Geldbestand	25	Eigenkapital	15
		Guthaben a_1	0
		Guthaben a_2	5
		Sparen a_2	5
	25		25

Wir sehen, dass auch das Abschreiben eines Kreditbetrags zu einer Verringerung der entsprechenden Bankbilanz führt. Formal kann eine Abschreibung als Tilgung aus den Mitteln des Eigenkapitals interpretiert werden. Eine Bank wird dann insolvent, wenn sie ihr Eigenkapital aufgezehrt hat. Im Gegensatz zu den anderen bisher beschriebenen Transaktionen bergen Kredite für Banken und für deren Kunden daher Risiken.

Musste der Kreditnehmer im Rahmen des Kreditvertrages jedoch Teile seines Eigentums als Sicherheit verpfänden, so kann die kreditgewährende Bank dieses Eigentum nun beanspruchen, veräußern und ihr Eigenkapital mit dem Verkaufserlös wieder aufstocken.

1.5 Aktivtausch

Eine Bank könnte einen Teil ihres von den Kunden eingezahlten Münzbestands oder auch einen Teil des eigenen Vermögens dazu verwenden, um in einen Vermögenswert zu investieren. Bilanziell wird dann ein Teil des Münzbestands gegen eine Position auf der Aktivseite eingetauscht, was den Namen Aktivtausch begründet. In folgendem Beispiel nehmen wir an, dass Geschäftsbank A für 5 Münzen Aktien kauft:

Geschäftsbank A

Aktiva		Passiva	
Geldbestand	25	Eigenkapital	15
		Guthaben a_1	0
		Guthaben a_2	5
		Sparen a_2	5
	25		25

Bilanz nach Aktivtausch
Geschäftsbank A

Aktiva		Passiva	
Geldbestand	20	Eigenkapital	15
Aktien	5	Guthaben a_1	0
		Guthaben a_2	5
		Sparen a_2	5
	25		25

Durch einen Aktivtausch ändert sich die Bilanz nicht unmittelbar. Allerdings unterliegen die Aktien im zeitlichen Verlauf einem Wertänderungsrisiko, und dadurch wird das Geschäft riskant. Werden zu viele Aktien gekauft und sinken diese zu stark im Wert, dann muss die Aktienposition analog zur Abschreibung bei einem Kredit wertberichtigt werden, und dies kann im ungünstigsten Fall das Eigenkapital der Bank aufzehren und zur Insolvenz führen.

1.6 Anmerkungen

Geldschöpfung und die Geldmenge M1

Kredite erhöhen die Bilanzsumme des Geschäftsbankensystems, während das Tilgen von Krediten und Abschreibungen die Bilanzsumme reduzieren.

Wird durch eine Kreditgewährung neues Geld geschaffen oder geschöpft, wie man sagt? Der Münzgeldbestand einer Bank und damit auch der aggregierte Münzgeldbestand des Geschäftsbankensystems wird durch Kredite jedenfalls nicht verändert. Durch einen Kredit werden keine Münzen erzeugt, und insofern wird kein Zentralbank-Geld geschaffen. Andererseits entstehen im Rahmen der mit einem Kredit verbundenen Buchungen Guthaben, und zwar in einer Menge, die dem Kreditvolumen entspricht. Insofern findet mit einem Kredit eine Guthabenschöpfung statt, und mit den erzeugten Guthaben können Güter gekauft und Dienstleistungen bezahlt werden. Bei der Darstellung des Bestands-Bargeldsystems wurde bislang vorausgesetzt, dass nur dann Kredite vergeben werden können, wenn zuvor entsprechende Guthaben durch Sparen stillgelegt worden sind. Die Tätigkeit der Geschäftsbanken lässt sich damit so interpretieren, dass gesparte Kundengelder eingesammelt und per Kredit an Kreditnehmer ausgeliehen werden.

Die verfügbaren Zahlungsmittel, die den Mitgliedern einer Volkswirtschaft zur Verfügung stehen, bestehen aus den aggregierten, von den Geschäftsbanken verwalteten Guthaben plus den aggregierten, sich im Umlauf befindlichen Bargeldbeständen. Dieses Aggregat wird von der Deutschen Bundesbank *Geldmenge M1* genannt. In der Broschüre *Geld und Geldpolitik* der Deutschen Bundesbank, [3], wird definiert:

> Zur Geldmenge M1 zählen das außerhalb des Bankensektors zirkulierende uneingeschränkt liquide Bargeld sowie täglich fällige Einlagen (Sichteinlagen) von Nichtbanken, da sie kurzfristig in Bargeld umgewandelt werden können. Die Geldmenge M1 bezeichnet also das Geld, über das jederzeit verfügt werden kann.

M1 umfasst nicht die gesparten Kundenguthaben, denn diese sind keine verfügbaren Zahlungsmittel. In Bestands-Geldsystemen ist es zudem so, dass Sparbeträge, die an Kreditnehmer ausgeliehen und in Bargeld ausgezahlt oder auf Guthabenkonten gebucht werden, doppelt gezählt würden, wenn M1 Ersparnisse umfassen würde. M1 umfasst auch keine Bargeldbestände der Geschäftsbanken, damit eingezahlte Kundengelder und zugehörige Guthaben nicht doppelt gezählt werden.

Bislang wurde vorausgesetzt, dass vor jeder Kreditvergabe entsprechende Guthaben durch Sparen als Sparbeträge umgebucht und damit stillgelegt worden sein müssen. In der hier vorgestellten Systematik sind die aggregierten Kreditbeträge also stets kleiner gleich den aggregierten Sparbeträgen, und insgesamt wird daher die Geldmenge M1 durch Kredite nicht erhöht. M1 kann jedoch reduziert werden, wenn in der Volkswirtschaft zwar gespart wird, wenn aber die gesparten Kundengelder nicht vollständig im Rahmen von Krediten ausgeliehen werden.

Würde zugelassen, dass Geschäftsbanken auch dann Kredite vergeben können, wenn zuvor nicht in entsprechender Größenordnung gespart wurde, dann kann die Geldmenge M1 durch Kreditvergaben ansteigen. In diesem Fall sind die aggregierten Guthaben des Geschäftsbankensystems größer als deren aggregierte Bargeldbestände. Diese Erweiterung der Kreditvergabebefugnis könnte damit begründet werden, dass in der Praxis gewöhnlich nur die Auszahlung kleiner Bruchteile der aggregierten Guthabenbestände von den Kunden angefordert wird.

In der ursprünglichen Systematik, bei der die täglich fälligen Einlagen zu 100% durch Bargeld gedeckt sind, können diese Guthaben als Quittungen für das bei den Banken eingelagerte Bargeld interpretiert werden, und die sich bei den Banken befindenden Kundengelder und die zugehörigen Quittungen entsprechen sich. In dem Ausmaß, in dem Geschäftsbanken auch dann Kredite vergeben dürfen, wenn zuvor nicht in entsprechendem Umfang Spargelder zur Verfügung stehen, verlieren Guthaben ihren Quittungscharakter und werden zu eigenständigen, von den Geschäftsbanken erzeugten Zahlungsmitteln.

Geldsysteme sind Gutscheinsysteme

Wenn zwei Personen sich darauf einigen, dass sie bestimmte Güter oder Dienstleistungen wechselseitig austauschen, dann hat jeder in der Regel ein persönliches Interesse am Gut oder an der Leistung des an-

1.6 Anmerkungen

deren. „Wenn du mir Gut X gibst, dann erbringe ich die Leistung Y für dich", so könnte etwa ein Abkommen lauten. Verkauft aber jemand ein Gut und akzeptiert Münzen als Bezahlung, so besteht das Interesse des Verkäufers in aller Regel nicht am Münzmaterial. Der Wert der Münzen besteht in erster Linie darin, dass der Empfänger nun seinerseits davon ausgeht, seine erhaltenen Münzen gegen Güter oder Dienstleistungen tauschen zu können. Durch ein Geldsystem werden die Bedürfnisse von Käufer und Verkäufer entkoppelt.

Ein Geldsystem ist *seinem Wesen nach ein Gutschein-System*. Geld zu haben bedeutet, eine Menge von Gutscheinen zu besitzen, also über Guthaben zu verfügen. Ob bezahlt wird, indem Münzen ausgetauscht werden oder indem Guthaben vom Käufer zum Verkäufer überwiesen werden, ist unerheblich.

Allerdings ist Folgendes zu beachten: Die Münzen, oder allgemein Bargeld, sind Guthaben, die von der Zentralbank stammen und die damit staatlichen Ursprungs sind. Wenn alle Bankguthaben zu 100% durch Bargeld gedeckt wären, dann wären Guthaben „so gut wie" Bargeld und zu Bargeld äquivalent. Wenn dagegen aber Geschäftsbanken Kredite vergeben dürfen, die nicht zu 100% durch Spargelder gedeckt sind, dann können sich die aggregierten Bankguthaben so entwickeln, dass sie die von der Zentralbank bereitgestellte Münzgeldmenge übersteigen.

Dennoch kann einheitlich und geschlossen gesagt werden, dass dann, wenn Güter und Dienstleistungen mit Geld oder durch eine Übertragung von Guthaben bezahlt werden, mithilfe von Gutscheinen bezahlt wird. Münzen, oder allgemein Bargeld, sind Zentralbank-Gutscheine und somit ist M1 eine Guthabenmenge. Die Formulierung „Ich bezahle mit Geld" bedeutet im Sinne dieser Interpretation: „Ich bezahle aus meinem Guthaben – entweder bar oder durch Guthabenübertragung".

Wie wird der Wert der Guthaben festgelegt? Was genau kann für eine bestimmte Menge an Guthaben erworben werden? Dies wird im Geldsystem nicht definiert. Münzen, Bargeld bzw. Guthaben sind das wert, was man dafür kaufen kann.

Zur Steuerung der Geldmenge

Bei der hier vorgestellten Variante eines Münzgeldsystems muss zunächst ein Münzgeldbestand vorhanden sein, damit Kredite vergeben werden können. Dieser Münzgeldbestand wurde in dem hier beschriebenen Modell von der Zentralbank bereitgestellt. Es gibt für jeden Bürger zu Beginn einen Münzgeldbestand im Rahmen einer Erstausstattung, und von diesem Bestand werden Münzen bzw. Guthaben im Rahmen von Überweisungen oder Abhebungen mit anschließender Verfügung jeweils weitergereicht und auf diese Weise umverteilt. Eine Geschäftsbank kann nur dann Kredite vergeben, wenn ausreichende Geldbestände vorhanden und durch Sparen verfügbar gemacht worden sind und wenn genügend Eigenkapital vorhanden ist.

Angenommen, die Geldmenge soll erhöht werden, weil etwa die Nachfrage nach Krediten zunimmt. In diesem Fall könnte die Zentralbank den Bürgern weitere Münzen zur Verfügung stellen, etwa durch staatliche Aufträge oder Leistungen. Sollte es dagegen wünschenswert sein, die Geldmenge wieder zu reduzieren, so könnten die veranschlagten Beträge in der Praxis aus den Steuereinnahmen des Staates abgeführt werden. Auf diese Weise hätte die Zentralbank eine direkte Kontrolle über die Geldmenge.

Bemerkung zu Zinsen

Üblicherweise wird argumentiert, dass der Kunde, der sein Geld spart und es anderen damit zur Verfügung stellt, durch Zinszahlungen zum Sparen ermuntert würde. Sparen wird als Konsumverzicht interpretiert und für diesen Verzicht ließe sich der Sparer durch Zinszahlungen „entschädigen". Die Kreditnehmer hingegen können die Beträge, die ihnen die Sparer zur Verfügung stellen, sofort investieren oder für Konsumzwecke ausgeben. Dies sei ein werthaltiger Vorteil und daher seien neben der Tilgung eines Kredits auch Zinsen als Leihgebühr an die Sparer zu zahlen. Bei dieser Argumentation sollte jedoch bedacht werden, dass der aktuelle Vorteil des Kreditnehmers, zum Zeitpunkt der Kreditaufnahme investieren oder konsumieren zu können, mit sich über den Zeitraum der Tilgung erstreckenden Einsparungen bzw. mit entsprechendem Konsumverzicht verbunden ist.

Kapitel 2

Bestands-Giralgeldsysteme

Wir betrachten nun ein Geldsystem, in dem kein physisches Geld existiert, sondern in dem alle Zahlungen bargeldlos per Kontoüberweisung und mithilfe von *Geldkarten* abgewickelt werden. Das verwendete Geld besteht hier aus den nicht stofflichen, rein numerischen Guthaben auf Bankkonten, die wir Girokonten nennen. Wir bezeichnen das Geld bzw. diese Guthaben auch als *Giralgeld*.

Wir nehmen an, dass ansonsten alle Regelungen aus dem im letzten Kapitel beschriebenen Münzgeldsystem übernommen werden. Insbesondere wird zu Beginn für jeden Bürger ein Guthaben von der Zentralbank bereitgestellt. Auf den Aktivseiten der Bankbilanzen erscheinen nun anstelle des physischen Münzgelds elektronische Geldbestände, gebucht unter der Bezeichnung *Geldbestand*, denen auf den Passivseiten wie bisher Guthabenbestände gegenüberstehen. Beispiel:

Geschäftsbank A				Geschäftsbank B			
Aktiva		Passiva		Aktiva		Passiva	
Geldbestand	5	Eigenkapital	15	Geldbestand	63	Eigenkapital	20
Forderungen	20	Guthaben a_1	0			Guthaben b_1	15
		Guthaben a_2	5			Guthaben b_2	20
		Sparen a_2	5			Guthaben b_3	8
	25		25		63		63

Bis auf das Abheben und das Einzahlen von Geld können alle im vorherigen Kapitel beschriebenen Operationen für ein Giralgeldsystem wörtlich übernommen werden, wenn die Begriffe Bargeld bzw. Münzgeld durch Giralgeld oder einfach durch Geld ersetzt werden.

Obwohl Münzgeld hier nach Voraussetzung nicht zur Verfügung steht, können Guthaben dennoch in eine mobile Form überführt werden – mithilfe von Geldkarten. Hierbei wird ein Guthabenbetrag vom Girokonto abgebucht und auf das elektronische Konto einer Geldkarte überwiesen. Im Rahmen der Abhebung wird der Geldbestand auf der Aktivseite der betreffenden Geschäftsbank um den abgehobenen Betrag reduziert. Eine Geldkarte kann nun in einer Geldbörse oder in einem Mobiltelefon mitgeführt werden, und es kann mit ihr bezahlt werden, indem beim Kauf eines Gutes oder einer Dienstleistung der Preis vom Bestand der Geldkarte mithilfe geeigneter Lesegeräte abgebucht und dem Konto des Verkäufers zugebucht wird. Umgekehrt könnte Geld von einer Geldkarte auf ein Girokonto eingezahlt werden. Dabei würde der Guthabenbestand des Kunden auf der Passivseite und der Geldbestand der Geschäftsbank auf der Aktivseite um den Einzahlungsbetrag erhöht.

Der Leser führe sich vor Augen, dass die beschriebenen Münz- und Giralgeldsysteme vollkommen äquivalent sind. Ob Guthaben eine physische Existenz besitzen oder lediglich als Bestände in Datenverarbeitungssystemen verwaltet werden, spielt für das bei Zahlungsvorgängen verwendete Gutschein-Konzept keine Rolle. Wichtig ist eine fehlerfreie, fälschungssichere und komfortable Realisierung.

Geldschöpfung und Kreditgewährung

Wird in einem Bestands-Giralgeldsystem durch Kreditgewährung Geld geschöpft? Da Münzen- und Giralgeldsysteme in der bisher besprochenen Form äquivalent sind, verhält es sich mit der Geldschöpfung hier analog zum Münzgeldsystem.

Durch Kredite werden keine Geldbeträge auf den Aktivseiten der Geschäftsbanken erzeugt, sondern nur Forderungen, also wird durch Kreditvergabe analog zum Münzgeldsystem kein Zentralbank-Geld geschaffen. Andererseits werden durch Kredite zusätzliche Guthaben erzeugt, und zwar in einer Menge, die dem Kreditvolumen entspricht. Es findet also eine Guthabenschöpfung statt, und mit diesen Guthaben können Güter gekauft und Dienstleistungen bezahlt werden.

Wenn aus dem Bestands-Bargeldsystem die Regel übernommen wird, dass nur dann Kredite vergeben werden dürfen, wenn zuvor entsprechende Guthabenbeträge durch Sparen stillgelegt worden sind, dann wird auch hier der passivseitige aggregierte Guthabenbestand des Geschäftsbankensystems durch den aktivseitigen, von der Zentralbank stammenden, aggregierten Geldbestand beschränkt. Die Bedingung, dass vor einer Kreditvergabe entsprechende Giroguthaben in Sparguthaben umgebucht worden sein müssen, führt also dazu, dass zu keinem Zeitpunkt mehr Guthaben vorhanden sind, als ursprünglich von der Zentralbank an Geldmenge ausgegeben worden ist.

Diese zum Münzgeldsystem analoge Argumentation ist vollumfänglich zutreffend, auch wenn das Geld nun kein materieller Stoff ist. Das von der Zentralbank bereitgestellte elektronische Geld wird, so wie im vorigen Kapitel das Münzgeld, zu Gutscheinen, mit denen in der Ökonomie bezahlt werden kann.

Wird dagegen zugelassen, dass eine Geschäftsbank per Kredit mehr Guthaben erzeugen darf, als Zentralbank-Geld aktivseitig bei ihr vorhanden ist, dann kann das Geschäftsbankensystem die Guthabenmenge über die von der Zentralbank bereitgestellte Geldmenge hinaus ausdehnen. In diesem Fall können Geschäftsbanken zusätzliche Guthaben schaffen, also Geld schöpfen. Eine Konsequenz dieser Regelung ist jedoch, dass eine Geschäftsbank dann in Zahlungsschwierigkeiten geraten wird, wenn die Kunden der Bank zu einem Zeitpunkt aggregiert eine Guthabensumme abheben möchten, die die Zentralbank-Geldmenge der Bank zu diesem Zeitpunkt übersteigt.

Die Geldmenge M1

Die *Geldmenge M1* besteht im hier betrachteten Giralgeldsystem aus den aggregierten Guthaben plus den aggregierten, sich in Umlauf befindlichen Geldkartenbeständen. Diese Guthaben sind die verfügbaren Zahlungsmittel, die den Mitgliedern einer Volkswirtschaft zur Verfügung stehen, wobei die Bankguthaben in der hier zunächst beschriebenen Geldsystemvariante zu 100% durch Giralgeld, das einmal von der Zentralbank bereitgestellt worden ist, gedeckt sind.

Zentralbank-Geld wird von den Geschäftsbanken auf der Aktivseite der Bilanz verwaltet, die Guthaben der Kunden dagegen auf der Passivseite.

Geldsysteme sind Gutscheinsysteme

Eine Bezahlung von Gütern und Dienstleistungen per Überweisung wird im beschriebenen Giralgeldsystem durch die Übertragung von Guthaben realisiert. Die Bestände auf den Geldkarten sind die dem Bargeld der Bestands-Bargeldsysteme entsprechende mobile Form von Guthaben, die jederzeit von Bankguthaben durch Abhebungen auf die Karten übertragen werden können. Die Guthaben auf Geldkarten können umgekehrt jederzeit auf Girokonten eingezahlt und in Bankguthaben umgewandelt werden.

Einheitlich und geschlossen kann auch hier gesagt werden, dass die Bezahlung von Gütern und Dienstleistungen mithilfe elektronischer Gutscheine, genannt Geld oder Guthaben, erfolgt, indem diese Guthaben zwischen Geldkarten und Konten übertragen und ausgetauscht werden.

Kapitel 3
Kredit-Geldsysteme

Wir setzen für das in diesem Kapitel zu beschreibende Modell, das **Kredit-Geldsystem** genannt wird, voraus, dass es sich zwar um ein Giralgeldsystem wie im vorangegangenen Kapitel handelt, dass die im System vorhandenen Guthaben jedoch ausschließlich durch Kredite der Geschäftsbanken entstehen. Diese Kredite vergeben die Banken nach Bonitätsprüfung und gegebenenfalls nach Bereitstellung von Sicherheiten an ihre Kreditnehmer. Die Existenz von Spareinlagen spielt dagegen für die Kreditvergabe keine Rolle. Das Geld in Kredit-Geldsystemen sind die per Kredit erzeugten Guthaben, und gedeckt sind diese durch dingliche Sicherheiten. Die Geschäftsbanken geben damit per Kredit erzeugte Gutscheine in Form von Bankguthaben auf der Basis verpfändeten Eigentums an die Kreditnehmer aus.

Wir unterstellen hier weiter, dass keine Erstausstattung an die Bürger oder an das Geschäftsbankensystem zur Verfügung gestellt wird. In diesem Fall existieren zu Beginn keine Geldbestände auf den Aktivseiten der Bilanzen der Geschäftsbanken. Im Rahmen der für die Geldentstehung notwendigen Kredite werden auf den Aktivseiten vielmehr Forderungen erzeugt, während parallel dazu passivseitig Guthaben entstehen.

3.1 Ausgangssituation

Wir nehmen an, dass die Eigentümer einer Bank bei deren Gründung Anteile ihres Vermögens übertragen. Buchungstechnisch könnte das umgesetzt werden, indem die Eigentümer Kredite aufnehmen, die passivseitig als Eigenkapital gebucht werden. Aktivseitig werden die im Rahmen der Kredite entstehenden Forderungen gegen Vermögenswerte getauscht. Die Anfangssituation sieht für zwei Geschäftsbanken A und B beispielsweise wie folgt aus:

Geschäftsbank A

Aktiva		Passiva	
Vermögen	20	Eigenkapital	20
	20		20

Geschäftsbank B

Aktiva		Passiva	
Vermögen	30	Eigenkapital	30
	30		30

Die Eigentümer der Geschäftsbanken A und B übertragen im Beispiel Vermögen im Wert von 20 bzw. 30.

3.2 Die Erzeugung von Guthaben per Kredit

Die Kunden von Geschäftsbanken nehmen nun Kredite auf und erhalten auf diese Weise Guthaben. Für die Kunden a_1 und a_2 der Geschäftsbank A und entsprechend für die Kunden b_1, b_2 und b_3 von Geschäftsbank B legen wir folgende bilanzielle Situation beispielhaft zugrunde:

Geschäftsbank A

Aktiva		Passiva	
Vermögen	20	Eigenkapital	20
Forderung a_1	5	Guthaben a_1	5
Forderung a_2	5	Guthaben a_2	5
	30		30

Geschäftsbank B

Aktiva		Passiva	
Vermögen	30	Eigenkapital	30
Forderung b_1	15	Guthaben b_1	15
Forderung b_2	10	Guthaben b_2	10
Forderung b_3	10	Guthaben b_3	10
	65		65

Während die Passivseiten der Bilanzen hier so aussehen wie die der Bestands-Geldsysteme, sind die Aktivseiten verschieden. Hier, beim Kredit-Geldsystem, findet sich auf den Aktivseiten kein Geld, also weder Münzen noch ein elektronischer Geldbestand. Stattdessen sind hier Sicherheiten, mit denen die Bank gegebenenfalls haftet, und Forderungen gegenüber Kunden verbucht.

3.3 Überweisungen

Wir betrachten als Ausgangssituation die Bilanzen in Abschnitt 3.2. Möchte a_1 sein Guthaben von 5 an a_2 überweisen, der ebenfalls Kunde von Geschäftsbank A ist, dann wird lediglich der Kontostand von a_1 um 5 reduziert, während der von a_2 um 5 erhöht wird. Die Bilanzsumme der Bank wird durch diese Transaktion nicht verändert.

Was geschieht aber, wenn a_1 sein Guthaben von 5 an b_1 überweisen möchte? Klar ist, dass nach der Überweisung das Guthaben von a_1 den Wert 0 haben wird, während das Guthaben von b_1 von 15 auf 20 ansteigen muss. Die zum Kredit von a_1 gehörende Forderung könnte nun im Rahmen der Überweisung ebenfalls von Geschäftsbank A an Geschäftsbank B übertragen werden. Dies würde aber bedeuten, dass a_1 durch die Überweisung eine vertragliche Vereinbarung mit der empfangenden Bank B eingehen und mit seiner eigenen Bank A lösen würde. Jede Überweisung an eine andere Bank würde so eine zukünftige geschäftliche Beziehung mit dieser Bank nach sich ziehen, was nicht akzeptabel wäre.

Alternativ könnten sich die Geschäftsbanken im Rahmen von Überweisungen gegenseitig Kredite geben, was eine intensive Verflechtung der Banken untereinander nach sich ziehen würde.

Ein Ausweg aus dieser Problematik besteht darin, dass eine Zentralbank in den Überweisungsprozess eingeschaltet wird. Dazu setzen wir voraus, dass jede Bank bei der Zentralbank ein Konto, ein Zentralbank-Konto, unterhalten muss. Jede Bank leiht sich bei der Zentralbank Guthaben, das im Rahmen von Überweisungen an andere Banken übertragen wird. Auf diese Weise entstehen bei Überweisungen nur Geschäftsbeziehungen zwischen Geschäfts- und Zentralbank, nicht jedoch zwischen den Geschäftsbanken untereinander, wie wir nun an unserem Beispiel demonstrieren. Dazu nehmen wir an, dass Geschäftsbank A einen Kredit von 5 bei der Zentralbank aufnimmt. Dadurch entsteht für Geschäftsbank A eine Verpflichtung zur zukünftigen Tilgung des Kredits gegenüber der Zentralbank, die auf der Passivseite der Bilanz von A als Verbindlichkeit *Vbk Z* gegenüber der Zentralbank verbucht wird. Als Vermögenswert entsteht das von der Zentralbank gewährte Guthaben, das entsprechend als *Guthaben Z* auf der Aktivseite von A eingebucht wird:

Geschäftsbank A			
Aktiva		Passiva	
Vermögen	20	Eigenkapital	20
Forderung a_1	5	Guthaben a_1	5
Forderung a_2	5	Guthaben a_2	5
Guthaben Z	5	Vbk Z	5
	35		35

Geschäftsbank B			
Aktiva		Passiva	
Vermögen	30	Eigenkapital	30
Forderung b_1	15	Guthaben b_1	15
Forderung b_2	10	Guthaben b_2	10
Forderung b_3	10	Guthaben b_3	10
	65		65

Nun kann die eingangs beschriebene Überweisung in drei Schritten ausgeführt werden. Wie bereits beschrieben wird das Guthaben von a_1 um den Überweisungsbetrag von 5 auf 0 reduziert, während das Guthaben von b_1 von 15 auf 20 erhöht wird. Schließlich wird der Überweisungsbetrag 5 vom Zentralbank-Konto von A auf das Zentralbank-Konto von B übertragen:

Geschäftsbank A			
Aktiva		Passiva	
Vermögen	20	Eigenkapital	20
Forderung a_1	5	Guthaben a_1	0
Forderung a_2	5	Guthaben a_2	5
Guthaben Z	0	Vbk Z	5
	30		30

Geschäftsbank B			
Aktiva		Passiva	
Vermögen	30	Eigenkapital	30
Forderung b_1	15	Guthaben b_1	20
Forderung b_2	10	Guthaben b_2	10
Forderung b_3	10	Guthaben b_3	10
Guthaben Z	5		
	70		70

Die Bilanzsumme der sendenden Bank wird damit um den Überweisungsbetrag reduziert, während die der empfangenden Bank um diesen Betrag erhöht wird.

Damit nicht vor jeder Überweisung Guthaben bei der Zentralbank geliehen werden müssen, könnte festgelegt werden, dass jede Geschäftsbank einen gewissen Puffer an Zentralbank-Guthaben, sogenannte Zentralbank-Reserven, auf ihrem Zentralbank-Konto unterhalten muss.

Auch dann, wenn jede Geschäftsbank verpflichtet ist, ein Zentralbank-Konto mit Zentralbank-Reserven zu unterhalten, könnten dennoch Banken, die engere geschäftliche Verbindungen pflegen, sich untereinander Kreditlinien einräumen und etwa Überweisungen auch ohne Zentralbank-Guthaben wie eingangs beschrieben abwickeln.

3.4 Abheben von Guthaben

Das Abheben von Guthaben ist hier, anders als bei den Bestands-Geldsystemen, auch mit Geldkarten kein selbstverständlicher Prozess. Wir haben ein reines Kredit-Geldsystem ohne Erstausstattung vorausgesetzt. Es gibt auf den Aktivseiten der Bilanzen der Geschäftsbanken zunächst keine Geld- oder Guthabenbestände. Diese aktivseitigen Bestände müssten jedoch existieren, damit von ihnen bei Barabhebung oder bei Übertragung von Guthaben auf Geldkarten die entsprechenden Beträge abgebucht werden können.

Damit die Geldkarten ihren Zweck als universelles Zahlungsmittel erfüllen können, müssten die dort gespeicherten Guthaben, die ursprünglich einmal von einer Geschäftsbank per Kredit erzeugt worden sind, zudem überall akzeptiert werden. Da die Guthaben von privaten Institutionen, den Geschäftsbanken, erzeugt werden, kann dieses Vertrauen jedoch nicht vorausgesetzt werden.

Wird aber, wie im vorangegangenen Abschnitt 3.3, festgelegt, dass jede Geschäftsbank Zentralbank-Reserven unterhalten muss, und wird vereinbart, dass auf die Geldkarten ausschließlich Zentralbank-Guthaben gebucht werden, so kann eine universelle Akzeptanz gewährleistet werden. Denn für die Guthaben auf den Geldkarten bürgt nun nicht eine private Geschäftsbank, sondern die staatliche Einrichtung Zentralbank.

Wenn eine Zentralbank darüber hinaus Bargeld herstellen und ausgeben lässt, dann besteht zusätzlich die Möglichkeit, dass Bankkunden sich ihre Guthaben in Bargeld auszahlen lassen können. Dieses Bargeld lässt sich dann, so wie die Guthaben auf den Geldkarten, als allgemein akzeptiertes Zahlungsmittel verwenden.

Wir betrachten folgende Ausgangssituation:

Geschäftsbank A

Aktiva		Passiva	
Vermögen	20	Eigenkapital	20
Guthaben Z	4	Vbk Z	4
Forderung a_1	5	Guthaben a_1	5
Forderung a_2	5	Guthaben a_2	5
	34		34

Die Geschäftsbank A hat im Beispiel ein Zentralbank-Guthaben von 4 von der Zentralbank per Kredit erworben. Angenommen, Kunde a_1 möchte 2 von seinem Konto abheben. Dann würde der Betrag von 2 von seinem Konto abgebucht und auf seine Geldkarte übertragen werden. Zusammen mit dieser Abbuchung wird auf der Aktivseite das Zentralbank-Guthaben der Bank um 2 verringert. Wir erhalten somit:

Geschäftsbank A

Aktiva		Passiva	
Vermögen	20	Eigenkapital	20
Guthaben Z	2	Vbk Z	4
Forderung a_1	5	Guthaben a_1	3
Forderung a_2	5	Guthaben a_2	5
	32		32

Die Bilanzsumme von A hat sich durch das Abheben von Guthaben um den abgehobenen Betrag verringert.

3.5 Sparen und Passivtausch

Wie auch bei den Bestands-Geldsystemen reduzieren sich die Gefahren von Liquiditätsengpässen bei Geschäftsbanken dann, wenn ihre Kunden sparen, d.h., wenn sie auf die Verfügung über Anteile ihrer Guthaben für einen gewissen zukünftigen Zeitraum verzichten.

Das Sparen wird buchungstechnisch genauso realisiert wie bei den Bestands-Geldsystemen, also durch einen Passivtausch. Wir betrachten die Ausgangssituation:

3.5 Sparen und Passivtausch

Geschäftsbank A

Aktiva		Passiva	
Vermögen	20	Eigenkapital	20
Guthaben Z	10	Vbk Z	12
Forderung a_1	5	Guthaben a_1	3
Forderung a_2	5	Guthaben a_2	5
	40		40

Angenommen, Kunde a_2 möchte im Umfang von 2 sparen. Dann wird der Betrag von 2 von seinem Guthabenkonto abgebucht und auf ein Sparkonto übertragen:

Geschäftsbank A

Aktiva		Passiva	
Vermögen	20	Eigenkapital	20
Guthaben Z	10	Vbk Z	12
Forderung a_1	5	Guthaben a_1	3
Forderung a_2	5	Guthaben a_2	3
		Sparen a_2	2
	40		40

Wie bei den Bestands-Geldsystemen haben Sparvorgänge auch in Kredit-Geldsystemen keinen Einfluss auf die Bilanzsumme einer Geschäftsbank.

In Bestands-Geldsystemen kann das Sparen so interpretiert werden, dass ein Kunde seiner Geschäftsbank für eine gewisse Zeit sein gespartes Geldvermögen überlässt und auf dessen Verwendung somit zeitweise verzichtet. Die Bank kann dieses Geld nun an Kreditnehmer ausleihen, die es gemäß Tilgungsplan zukünftig mit Zinsen zurückzahlen müssen. Einen Teil dieser Zinsen erhält der Sparer als Gegenleistung dafür, dass er sein Geld zur Verfügung gestellt hat.

In Kredit-Geldsystemen dagegen muss sich das Geschäftsbankensystem sämtliche Zentralbank-Guthaben, die für Überweisungen oder für Abhebungen benötigt werden, selbst von der Zentralbank leihen. Nimmt ein Kunde in einem Kredit-Geldsystem einen Kredit auf, so schreibt ihm die entsprechende Geschäftsbank den Kreditbetrag auf seinem Girokonto gut. Damit verpflichtet sich die Bank, die Kreditsumme gegebenenfalls als Zentralbankgeld auszuzahlen oder sich dann in ausreichender Menge Zentralbankgeld zu beschaffen, wenn es für Überweisungsvorgänge notwendig sein sollte.

Wenn ein Kunde in einem Kredit-Geldsystem spart, dann verzichtet er, wie bei den Bestands-Geldsystemen auch, für eine gewisse Zeit auf die Verwendung seiner gesparten Guthaben. Damit reduziert sich für die entsprechende Geschäftsbank der Umfang an Zentralbank-Guthaben, die diese Bank für Abhebungen und Überweisungen vorhalten muss. Die Aussage, dass der Kunde sein gespartes Geld mit dem Sparen zur Verfügung stellt und dass die Bank dieses Geld nun ausleihen kann, charakterisiert den Sachverhalt jedoch nicht zutreffend.

Folgendes Beispiel mag dies verdeutlichen: Angenommen, der Kunde a_1 der Geschäftsbank A nimmt einen Kredit in Höhe von 5 auf. Dann wird Geschäftsbank A möglicherweise zusätzliches Zentralbankgeld leihen müssen, um beispielsweise darauf vorbereitet zu sein, dass a_1 das bereitgestellte Guthaben abheben möchte. Angenommen aber, a_1 überweist die 5 an a_2, der es dann sofort für ein Jahr spart. In diesem Fall ist das per Kredit erzeugte Guthaben von 5 stillgelegt worden und Geschäftsbank A wird nun vielleicht das zusätzlich geliehene Zentralbankgeld wieder zurückgeben, weil es für die Liquidität der Bank zur Zeit nicht benötigt wird. Es ist hier nicht so, dass a_2 sein Geld durch das Sparen der Bank zur Verfügung stellt, die es nun anderweitig verleihen kann, sondern durch das Sparen von a_2 reduziert sich für Geschäftsbank A die Anforderung an ihre Zentralbank-Reserven.

3.6 Tilgung und Abschreibung von Krediten

Die Tilgung von Krediten funktioniert analog zu den entsprechenden Vorgängen in Bestands-Geldsystemen. Wir betrachten folgende Ausgangssituation:

3.6 Tilgung und Abschreibung von Krediten

Geschäftsbank A

Aktiva		Passiva	
Vermögen	20	Eigenkapital	20
Guthaben Z	15	Vbk Z	14
Forderung a_1	5	Guthaben a_1	1
		Sparen a_1	2
Forderung a_2	5	Guthaben a_2	8
	45		45

Angenommen, a_2 möchte seinen Kredit tilgen. Wir nehmen an, dass im Rahmen des Kreditvertrags Gebühren in der Höhe von 1 vereinbart worden sind, dass also a_2 insgesamt den Betrag von 6 entrichten muss. Der Kunde a_2 überträgt dazu von seinem Guthaben 6 an seine Bank A. 5 werden zur Tilgung des Kredits verwendet, d.h., die Forderung von 5 gegen a_2 wird aus der Bilanz ausgebucht. Die Gebühr von 1 wird dagegen in das Eigenkapital der Bank eingebucht:

Geschäftsbank A

Aktiva		Passiva	
Vermögen	20	Eigenkapital	21
Guthaben Z	15	Vbk Z	14
Forderung a_1	5	Guthaben a_1	1
		Sparen a_1	2
		Guthaben a_2	2
	40		40

Durch die Tilgung reduziert sich die Bilanzsumme um den Forderungsbetrag.[1]

---

[1] Sparer sind für die Vergabe von Krediten in Kredit-Geldsystemen nicht erforderlich. Daher wurden Zinsanteile, die von a_2 über die Bank an a_1 gezahlt werden, im Beispiel dieses Kapitels nicht berücksichtigt, siehe Abschnitt 3.7. Der Vollständigkeit halber sei kurz beschrieben, was sich im Falle von Zinszahlungen ändern würde. Dazu nehmen wir an, dass a_2 neben der Tilgung von 5 und der Zahlung einer Gebühr in Höhe von 1 auch Zinsen in der Höhe von 1 zahlen müsste. Insgesamt reduziert sich das Guthaben von a_2 durch die Erfüllung seiner Zahlungsverpflichtungen dann von 8 auf 1.

Wir nehmen nun an, a_2 wäre zahlungsunfähig, und wir betrachten die Situation, dass a_2 nicht nur über keine Guthaben, sondern auch nicht mehr über werthaltige Sicherheiten verfügt. In diesem Fall muss die Bank ihre Forderungen gegen a_2 abschreiben. Analog zur Vorgehensweise der Geschäftsbanken in Bestands-Geldsystemen wird dann die Forderung gegen a_2 aus der Aktivseite der entsprechenden Bilanz ausgebucht, und auf der Passivseite wird das Eigenkapital um den Forderungsbetrag reduziert.

Unabhängig davon, über welchen Bestand an Zentralbankgeld oder Spareinlagen eine Bank verfügt, ist es für eine Geschäftsbank wesentlich, dass Kreditnehmer ihre Kredite in Zukunft tilgen werden. Denn nur in diesem Fall müssen keine Abschreibungen vorgenommen werden und es erfolgt keine die Bank möglicherweise gefährdende Reduktion des Eigenkapitals. Eine Geschäftsbank wird ihre Kreditnehmer also daraufhin prüfen, ob sie über genügend Bonität verfügen und bei der Kreditvergabe potenzielle Verluste deckende Sicherheiten, wie etwa Immobilien, Lebensversicherungen oder Edelmetalle, verlangen. Sollte ein Kreditnehmer seinen Kredit nicht bedienen können, dann droht ihm, dass die Bank die Sicherheiten pfändet, liquidiert und mit den erzielten Einnahmen Verluste vermeidet. Bonitätsprüfungen und Sicherheiten sind daher zentrale Komponenten bei einer Kreditvergabe.

3.7 Anmerkungen

In einem Bestands-Geldsystem repräsentieren die Guthaben eines Bankkunden seine von der Bank verwalteten Zentralbankgelder; die Guthaben entsprechen den von der Zentralbank ausgegebenen Gutscheinen und geben an, über welchen Bestand an Zentralbank-Gutscheinen der betreffende Kunde bei seiner Bank verfügt.

In Kredit-Geldsystemen werden die von den Banken per Kredit erzeugten Guthaben selbst zu Gutscheinen; die Guthaben repräsentieren keinen Bestand an Zentralbank-Gutscheinen, sie sind die Gutscheine

---

Die Forderung von 5 gegen a_2 wird bei Zahlung wieder ausgebucht, und das Eigenkapital von Geschäftsbank A wird wieder um 1 von 20 auf 21 erhöht. Zusätzlich wird aber auch Guthaben im Wert von 1 vom Girokonto von a_2 ab- und dem Sparkonto von a_1 als Zinsertrag zugebucht.

und damit das Geld der Kredit-Geldsysteme. Kennzeichnend für ein Kredit-Geldsystem ist, dass aggregiert die Bankguthaben, Sparbeträge und die Geldkarten-Bestände mit den aggregierten Schulden übereinstimmen, denn in Kredit-Geldsystemen entsteht Geld per Kredit.

Dagegen stimmen in Kredit-Geldsystemen die aggregierten Guthaben auf den Passivseiten der Bilanzen der Geschäftsbanken nicht mit den aggregierten Zentralbank-Geldbeständen auf den Aktivseiten überein. Nur dann, wenn gefordert würde, dass die per Kredit erzeugten Guthaben der Geschäftsbanken zu 100% durch Zentralbank-Kredite unterlegt sein müssen, dann stimmten die Zentralbank-Geldbestände der Geschäftsbanken mit den Kunden-Guthaben bestandsmäßig überein. Nur im Falle der 100%igen Deckung der mit Krediten erzeugten Guthaben durch Zentralbankgeld können die Guthaben wieder als Bestand an Zentralbank-Gutscheinen interpretiert werden.

Die Geldmenge M1 besteht, wie in Bestands-Geldsystemen auch, aus der Menge aller unmittelbar verfügbaren Zahlungsmittel der Mitglieder der Volkswirtschaft, also aus den aggregierten Guthaben der Bankkunden zusammen mit den Beträgen, die sich auf Geldkarten befinden. Falls existent wird auch das im Umlauf befindliche Zentralbank-Bargeld zur Geldmenge M1 gerechnet.

Zusammenfassend stellen wir fest: Auch ein Kredit-Geldsystem ist seinem Wesen nach ein Gutschein-System, die Gutscheine sind die per Kredit erzeugten Guthaben. Guthaben können auf Geldkarten übertragen werden und, gegebenenfalls, in Zentralbankgeld getauscht werden. Diese Guthaben werden für den Kauf von Gütern und Dienstleistungen verwendet, sie sind das Geld der Kredit-Geldsysteme.

Bemerkung zu Zinsen

Der Zusammenhang, dass das Geld, das ein Kunde spart, anderen im Rahmen von Krediten zur Verfügung gestellt werden kann, ist in Kredit-Geldsystemen nicht zutreffend. Damit gibt es keinen ökonomischen Grund, Sparer für ihren „Konsumverzicht" zu „entschädigen". Und da Kreditnehmer die Gelder der Sparer nicht leihen, gibt es keinen ökonomischen Grund dafür, die Zinserträge der Sparer über die Kreditzinsen zu finanzieren.

Wenn Geschäftsbanken Sparzinsen versprechen, dann unter anderem deshalb, um Anreize für das Stilllegen von Guthaben zu schaffen. Für stillgelegte Guthaben müssen die Banken in geringerem Umfang Zentralbankgeld bereithalten, sodass sie im Falle gesparter Guthaben Kosten vermeiden können.

Zinsen werden auch gezahlt, um neue Kunden zu werben und um bestehende zu binden. Mit Kunden werden Geschäfte gemacht: Sie zahlen Kontoführungsgebühren und Verzugszinsen bei der Überziehung ihrer Girokonten, sie schließen Bausparverträge ab, kaufen Fondsanteile und Wertpapiere und sie nehmen schließlich bevorzugt Kredite bei ihrer Hausbank für größere Investitionen, wie für den Hausbau, für Eigentumswohnungen oder für den Kauf eines neuen Autos, auf. Sie unterhalten Gehaltskonten, die immer wieder einen Zustrom von Mitteln, und damit auch von Zentralbankgeld, verursachen, und sie zahlen, wenn sie Geschäftsleute sind, vielleicht regelmäßig eingenommenes Bargeld, also Zentralbankgeld, ein. Sowohl Sparbeträge als auch eingezahltes Bargeld oder zwischen Interbankenkonten übertragene Zentralbank-Reserven reduzieren den Umfang an Zentralbankgeld, das sich Geschäftsbanken andernfalls per Kredit beschaffen müssten. Da Zentralbank-Kredite in der Regel eine kürzere Laufzeit als Sparverträge haben, unterliegen sie zudem einem höheren Zinsänderungsrisiko. Je mehr Kunden eine Geschäftsbank hat, desto höher ist nicht zuletzt auch die Wahrscheinlichkeit, dass bei Überweisungen sowohl der Überweisende als auch der Empfänger Kunde dieser Bank ist, sodass bei der Überweisung keine Zentralbank-Reserven benötigt werden.

Die Zentralbank kann mithilfe der Zinssätze, zu denen sie den Geschäftsbanken Zentralbankgeld leiht, den sogenannten Leitzinsen, die Nachfrage nach Krediten und damit die Guthabenmenge zu beeinflussen trachten. Die Idee ist, dass die Geschäftsbanken den Leitzins an die Bankkunden weitergeben und dass damit deren Nachfrage nach Krediten gesteuert werden kann. Plausibel klingt dies nur dann, wenn die Zentralbank-Reserven einen nennenswerten Anteil der Guthabenbestände ausmachen.

Kapitel 4

Unser Geldsystem

In unserem Geldsystem wird neben Giralgeld auch Bargeld, d.h. Banknoten und Münzen, verwendet. Banknoten sind im Euro-Währungsgebiet das einzige unbeschränkt gültige gesetzliche Zahlungsmittel. Jeder Gläubiger einer Geldforderung muss Banknoten in unbegrenztem Umfang zur Erfüllung seiner Forderung annehmen, sofern die Vertragsparteien nichts anderes vereinbart haben.

Im Euroraum ist die Europäische Zentralbank zusammen mit den nationalen Zentralbanken für die Ausgabe von Banknoten verantwortlich. Seit Einführung des Euro ist das ausgegebene Banknotenvolumen der nationalen Zentralbanken jedoch von der Europäischen Zentralbank zu genehmigen. Die Euro-Münzen werden – anders als die Banknoten – jeweils im Auftrag der Regierungen ausgegeben. Auch bei den Münzen genehmigt seit Einführung des Euro die Europäische Zentralbank den Umfang der Ausgabe. Die Zentralbanken kaufen den Regierungen die Münzen jeweils zum Nennwert ab und bringen sie in Umlauf. Da der auf den Münzen angegebene Nennwert höher ist als der Metallwert, ziehen die Regierungen so aus der Münzhoheit Gewinne, die jedoch im Verhältnis zu den gesamten Einnahmen des Staates wenig bedeutend sind.

4.1 Unser Geldsystem ist ein Kredit-Geldsystem

Unser Geldsystem hat nach dem Zweiten Weltkrieg insofern als Bestands-Geldsystem begonnen, als dass im Rahmen der Währungsreform im Jahre 1948 an jeden Bürger ein Betrag von 60 Deutsche Mark ausgegeben wurde. Dennoch werden üblicherweise sowohl das Zentralbankgeld als auch die Sichteinlagen bei den Geschäftsbanken per Kredit erzeugt. So schreibt die Deutsche Bundesbank in ihrer Veröffentlichung *Geld und Geldpolitik*, [3], auf den Seiten 74 ff.:

4.2 Wie das Bargeld in Umlauf kommt

Wenn eine Privatperson Bargeld benötigt, hebt sie dieses typischerweise am Bankschalter oder Geldautomaten ab. Aber wie kommen die Banken an das benötigte Bargeld? Prinzipiell gilt, dass im Euroraum nur die Zentralbanken des Eurosystems Banknoten und Münzen in Umlauf bringen dürfen. Abgewickelt wird dieses „In-Umlauf-Bringen" normalerweise so: Wenn eine Geschäftsbank Bedarf an Bargeld hat, nimmt sie bei der Zentralbank einen Kredit auf. ... In diesem speziellen Fall spricht man von der Schöpfung von Zentralbankgeld. ... Neben „Kreditgewährung und Gutschrift" gibt es einen zweiten Weg, wie die Zentralbank den Geschäftsbanken zu einem Guthaben – also zu Zentralbankgeld – verhelfen kann: Dazu kauft die Zentralbank einer Bank einen Vermögenswert ab, beispielsweise Gold, Devisen oder Wertpapiere, und schreibt ihr den Verkaufserlös gut. Auch dadurch entsteht Zentralbankgeld. Die Gold- und Devisenreserven der Zentralbanken sind historisch so entstanden. Die Geschäftsbanken können ihre Guthaben bei der Zentralbank jederzeit in bar abheben. Außerdem können sie umgekehrt Bargeld jederzeit wieder einzahlen und sich gutschreiben lassen. Wegen dieser Austauschbarkeit zählt auch das Bargeld, das die Banken in ihrer Kasse halten oder an ihre Kunden ausgezahlt haben, also das gesamte von der Zentralbank ausgegebene Bargeld, zum Zentralbankgeld. Zu M1 zählt hingegen nur das außerhalb des Bankensektors zirkulierende Bargeld.

Weiter heißt es in der Veröffentlichung *Geld und Geldpolitik*, [3], auf den Seiten 76 ff.:

4.3 Wie das Buchgeld der Geschäftsbanken in Umlauf kommt

In der Wirtschaft wird ein Großteil der Zahlungen nicht in bar, sondern durch Buchung von Sichteinlagen von einem Bankkonto zum anderen geleistet. Die Sichteinlagen fließen, beispielsweise vom Konto des Arbeitgebers zum Konto des Arbeitnehmers und von dort zu den Konten des Vermieters oder einer Versicherung. Wie entsteht

4.3 Wie das Buchgeld der Geschäftsbanken in Umlauf kommt

dieses Buch- oder Giralgeld? Der Vorgang entspricht der Entstehung von Zentralbankgeld: In der Regel gewährt die Bank einem Kunden einen Kredit und schreibt ihm den entsprechenden Betrag auf dessen Girokonto als Sichteinlage gut. Ähnlich wie die Zentralbank prüfen auch die Banken zuvor genau, ob die Voraussetzungen für eine Kreditvergabe gegeben sind. Insbesondere wird geprüft, ob der Kreditnehmer in der Lage sein wird, den Kredit mit Zins- und Tilgungszahlungen zu bedienen. Auch muss die Bank ihre Kosten im Blick haben, darunter ihre Kosten für eine Refinanzierung des Kredits.

1. Vorgang:

Buchgeldschöpfung durch Kreditgewährung der A-Bank an Kunde 1

A-Bank			
Aktiva			Passiva
1.000	Kredit an Kd.1 (5 Jahre; 5%)	Sichteinlage Kd.1 (täglich fällig; 0%)	1.000

Abbildung 4.1: Stilisierte Bankbilanz, Zinsangaben per annum

Wird einem Kunden ein Kredit über 1.000 Euro gewährt (z. B. Laufzeit 5 Jahre, 5 % p. a.), erhöht sich die Sichteinlage des Kunden auf seinem Girokonto um 1.000 Euro. Es ist Buchgeld entstanden oder es wurden 1.000 Euro Buchgeld geschaffen. Die Buchgeldschöpfung ist also ein Buchungsvorgang. Buchgeld schafft eine Bank auch, wenn sie dem Kunden einen Vermögenswert abkauft und den Zahlbetrag auf dessen Konto gutschreibt. Der Kunde kann den gutgeschriebenen Betrag für Überweisungen nutzen oder auch in bar abheben. Typischerweise vergüten die Banken ihren privaten Kunden für Sichteinlagen auf dem Girokonto nur niedrige oder gar keine Zinsen.

Die Zentralbank hat bei jeder Geschäftsbank ein Konto, die Kontonummer ist die Bankleitzahl der Bank. Auf diesen Konten werden die Verbindlichkeiten der Geschäftsbanken gegenüber der Zentralbank für geliehene Zentralbank-Reserven verwaltet, d.h. für per Kredit erworbenes bares und unbares Zentralbankgeld.

Aktiva und Passiva der deutschen Banken

(ohne Deutsche Bundesbank), April 2015, in Mrd. Euro

Aktiva		Passiva	
1. Barreserve (Bargeldbestände und Guthaben bei der Deutschen Bundesbank)	127,3	1. Verbindlichkeiten gegenüber Banken	1.847,4
2. Kredite an Nichtbanken darunter: - kurzfristige Buchkredite - mittel- und langfristige Buchkredite	3.208,7 406,5 2.794,0	2. Verbindlichkeiten gegenüber Nichtbanken darunter: - täglich fällige Einlagen - Termineinlagen - Spareinlagen (inkl. Sparbriefe)	3.406,1 1.719,3 1.004,3 682,5
3. Kredite an Banken	2.089,4	3. Bankschuldverschreibungen	1.191,1
4. Wertpapiere und Beteiligungen	1.505,5	4. Kapital und Rücklagen	470,8
5. Sonstige Aktiva	1.203,3	5. Sonstige Passiva	1.218,8
Bilanzsumme	8.134,2	Bilanzsumme	8.134,2

Abbildung 4.2: Aggregierte Bilanz der deutschen Geschäftsbanken

Die von den Geschäftsbanken per Kredit erzeugten Guthaben müssen zwar mit Zentralbank-Guthaben unterlegt sein, jedoch nur in einem vergleichsweise geringen Umfang, der die Liquidität der Geschäftsbanken sicherstellen soll. Insbesondere ist nicht gefordert, dass sämtliche Giroguthaben der Geschäftsbanken durch Zentralbank-Guthaben gedeckt sein müssen.

Da Buchgeld, d.h. Giralgeld, und Zentralbankgeld im Wesentlichen per Kredit geschaffen wird, ist unser Geldsystem seinem Wesen nach ein Kredit-Geldsystem.

Abb. 4.2 zeigt die aggregierte Geschäftsbankenbilanz der Bundesrepublik Deutschland vom April 2015, die der Veröffentlichung *Geld und Geldpolitik* der Deutschen Bundesbank, [3], entnommen ist. Wir sehen, dass die Barreserven der Banken, d.h. deren bare und unbare Zentralbank-Guthaben, mit 127, 3 Mrd. Euro lediglich 7, 4% der täg-

4.3 Wie das Buchgeld der Geschäftsbanken in Umlauf kommt

lich fälligen Einlagen in Höhe von 1719, 3 Mrd. Euro ausmachten. Die Steuerungsmöglichkeiten der Bundesbank hinsichtlich Geldmenge und Inflation erscheinen aufgrund dieser Daten als beschränkt.

Nach Abb. 4.2 wies die aggregierte Bilanz der Geschäftsbanken in 2015 in Summe Verbindlichkeiten, also täglich fällige Guthaben sowie Termin- und Spareinlagen, in Höhe von 3406, 1 Mrd. Euro gegenüber Nichtbanken aus, während die Kreditsumme an Nichtbanken 3208, 7 Mrd. Euro betrug. Schulden und Guthaben haben dieselbe Größenordnung, sie sind aber nicht identisch. Abweichungen entstehen etwa dadurch, dass Guthaben in der Form von Bargeld in Umlauf sind. Wenn Bargeld von Girokonten abgehoben wird, dann verringern sich die passivseitigen Guthaben, während auf der Aktivseite die Barreserven der betroffenen Geschäftsbanken, nicht aber die Forderungen, reduziert werden. Wenn Nichtbanken Bankschuldverschreibungen erwerben, dann werden diese im Rahmen eines Passivtauschs verbucht und reduzieren die Position der Verbindlichkeiten. Legen ausländische Investoren und Sparer ihr Geld in Deutschland an, dann steigt der Posten der Verbindlichkeiten gegenüber Nichtbanken. Weiter können Banken Aktivposten, wie etwa Immobilien, Wertpapiere oder Gold, erwerben und diese mit „geschöpften" Guthaben, also per Buchungseintrag, bezahlen. In diesem Fall erhöhen sich die passivseitigen Verbindlichkeiten, während auf der Aktivseite die entsprechenden Vermögenswerte, aber keine Forderungen, eingebucht werden.

In Tab. 4.1 wurden einige Transaktionen zusammen mit ihrem Einfluss auf die Positionen *Kredite an Nichtbanken* (KaN) und *Verbindlichkeiten gegenüber Nichtbanken* (VgN) aufgelistet. Das Symbol − kennzeichnet keinen Einfluss auf den Wert der betreffenden Position, ↑ eine Zunahme und ↓ eine Abnahme der jeweiligen Bestände.

Dass Geld in unserem Geldsystem im Wesentlichen per Kredit erzeugt wird, hat weitreichende Konsequenzen, wie etwa diese: Wenn die Geldvermögen unverändert bleiben, dann kann eine hohe Staatsverschuldung nur dadurch gesenkt werden, dass entweder die Haushalte oder die Unternehmen ihre Verschuldung erhöhen. Und weiter: Würden alle Schulden getilgt, dann gäbe es näherungsweise kein Geld mehr.

Transaktion	KaN	VgN
Kreditaufnahme	↑	↑
Tilgung	↓	↓
Abschreibung	↓	—
Bargeldabhebung	—	↓
Nichtbank erwirbt Bankschuldverschreibung bei Hausbank	—	↓
Ausländer legen Geld auf deutschen Spar- und Girokonten an	—	↑
Banken erwerben Aktivposten mit geschöpften Guthaben	—	↑

Tabelle 4.1: Auswirkungen von Transaktionen auf die Bilanzsumme

4.4 Abschaffung des Bargelds

Spätestens seit 2014 wird die Abschaffung des Bargelds diskutiert. Am 18. November 2014 sagte der ehemalige Chefvolkswirt des Internationalen Währungsfonds, Kenneth Rogoff, auf einer Veranstaltung des Ifo-Instituts in München zu einer Welt ohne Bargeld: „Die Zentralbanken könnten auf diese Weise leichter Negativzinsen durchsetzen, um die Wirtschaft anzukurbeln." Der Wirtschaftsweise Peter Bofinger sagte im Mai 2015: „Bei den heutigen technischen Möglichkeiten sind Münzen und Geldscheine tatsächlich ein Anachronismus." Er forderte die Bundesregierung sogar auf, auf internationaler Ebene für die Abschaffung des Bargeldes zu werben. John Cryan, Co-Chef der Deutschen Bank, sagte in Davos am 20. Januar 2016: „In zehn Jahren wird Bargeld wahrscheinlich nicht mehr existieren ... Es ist einfach schrecklich ineffizient." Anfang 2016 schlug Wolfgang Schäuble eine Obergrenze für Barzahlungen von 5000 Euro vor.

Obwohl Bargeld funktional vollständig durch Zentralbank-Bestände auf Geldkarten ersetzt werden könnte, sprechen sich Persönlichkeiten mit Sachverstand, wie Max Otte, Dirk Müller, Helge Peukert, Sahra Wagenknecht oder Karl Albrecht Schachtschneider, gegen eine Bargeldabschaffung aus. Die von Max Otte initiierte Petition „Rettet unser Bargeld" wird wie folgt begründet, siehe auch [28]:

> Doch die Schein-Argumente der Bargeld-Gegner sind leicht zu durchschauen. Neben vorgeschobenen Vorteilen wie Kriminalitätseindämmung und Terrorismusbekämpfung, die heute sowieso als Argument für jede Verschärfung von Überwachung und Kontrolle

herangezogen werden, droht uns bei einer Bargeldabschaffung vor allem eins: Wir werden zu Geiseln der Banken. Alle unsere Ein- und Verkäufe werden gespeichert. So kann der Kauf von bestimmten Gütern reglementiert oder es können individuelle Preise und Gebühren festgelegt werden. Negativzinsen könnten beliebig hoch gesetzt werden und jeder wäre ihnen unausweichlich und hilflos ausgeliefert. Die drohende Bargeldabschaffung hat einen ernsten Hintergrund: Stabil ist unser Geld schon lange nicht mehr. Der Geld-Abfluss soll verhindert werden, weil unser Finanzsystem faktisch pleite ist. Ein Neustart ist ohne Bargeld einfacher zu realisieren – auf Kosten der Bürger, die ihre Ersparnisse verlieren würden.

Es geht also nicht um die Funktionsfähigkeit eines bargeldlosen Geldsystems an sich; die treibende Kraft hinter der Petition ist ein tiefes Misstrauen gegenüber Staat und Banken. Befürchtet wird die Möglichkeit eines umfassenden Zugriffs auf die Geldvermögen der Bürger, eine vollständige Kontrolle über den Zugang zu persönlichen Geldvermögen und die vollständige Transparenz aller finanziellen Transaktionen. Dies wird beispielsweise dann möglich, wenn keine Geldkarten eingeführt werden, auf denen beliebige Beträge gespeichert werden können und mit denen anonym bezahlt werden kann, sondern wenn alle Transaktionen sofort auf den jeweiligen Kundenkonten gebucht werden.

4.5 Funktionsprobleme des bestehenden Geldsystems

Das bestehende Geldsystem hat eine Reihe von Eigenschaften, die eine Reform als wünschenswert erscheinen lassen. Die folgende Analyse lehnt sich an Kapitel 2 in [11] an.

Die Geldschöpfung ist intransparent und außer Kontrolle. Die umlaufende Geldmenge in der Europäischen Währungsunion besteht heute zu etwa 80% aus Giralgeld und zu 20% aus Zentralbankgeld. Faktisch haben die Geschäftsbanken das Geldmonopol. Die Zentralbanken haben ein residuales Reserven- und Banknotenmonopol, aber inwiefern sie davon Gebrauch machen, lassen sie wiederum durch die Nachfrage der Banken bestimmen. Geldmengenpolitik findet deshalb nicht mehr statt. Die Zinspolitik, durch welche die Geldschöpfung der Banken reaktiv und indirekt beeinflusst werden soll, ist ein wenig wirksamer Ersatz für die außer Kraft gesetzte Geldmengenpolitik.

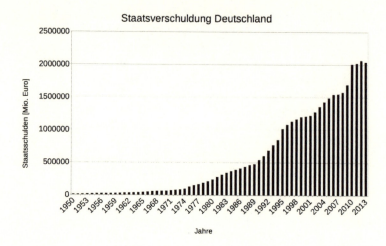

Abbildung 4.3: Staatsverschuldung Deutschlands im Zeitverlauf, Quelle: Statistisches Bundesamt

Bankengeld ist unsicheres Geld. Da Giralgeld rechtlich als Verbindlichkeit der Banken gegenüber ihren Kunden verfasst ist und da die Banken über den Bestand an Zentralbankgeld, den sie ihren Kunden gegebenenfalls auszuzahlen haben, zu keinem Zeitpunkt verfügen, können Insolvenzen von Banken dazu führen, dass diese ihren Verpflichtungen nicht mehr nachkommen können. Damit wäre das Geld der Kunden verloren, es sei denn, der Staat sähe sich gezwungen, die betreffenden Banken als systemrelevant einzustufen und dann zu retten. Dies zieht eine Erhöhung der Staatsschulden und damit eine Umlage der Rettungskosten auf die steuerzahlenden Bürger nach sich.

Überbordende Staatsverschuldung und Alimentation des Bankensektors. Schulden und Vermögen, Verbindlichkeiten und Finanzaktiva, sind in unserem Geldsystem zwei Seiten einer Medaille. Die aggregierten Staatsschulden liegen in Europa und den USA heute in Regionen von 80 − 100% des BIP. Die Entwicklung der Staatsverschuldung Deutschlands wird in Abb. 4.3 dargestellt. Ohne die im Profitinteresse der Banken liegende Kreditvergabe an den Staat wäre die überbordende Staatsverschuldung nicht möglich gewesen. Der Staat alimentiert

4.5 Funktionsprobleme des bestehenden Geldsystems

Jahr	2012		2013		2014		2015		2016	
Gesamt	312	100%	310	100%	297	100%	307	100%	317	100%
Arbeit etc.	126	40%	119	38%	122	41%	126	41%	130	41%
Verteidigung	32	10%	33	11%	32	11%	33	11%	34	11%
Bundesschuld	32	10%	33	11%	29	10%	22	7%	25	8%
Gesundheit	14	5%	12	4%	11	4%	12	4%	15	5%
Bildung etc.	13	4%	14	4%	14	5%	15	5%	16	5%
Familie etc.	7	2%	7	2%	8	3%	9	3%	9	3%

Tabelle 4.2: Ausgewählte Positionen der Bundeshaushalte der letzten Jahre, Alle Geldangaben in Mrd. Euro, Angaben gerundet, Quelle: Bundesministerium der Finanzen

mit seiner Schuldenwirtschaft das Finanzkapital direkt und in großem Umfang. Da faktisch keine Tilgung erfolgt, erhalten sich die Bestände und werden fortlaufend verzinst. Die staatlichen Zinszahlungen belaufen sich inzwischen in den meisten OECD-Staaten auf 3 − 5% des BIP. Allein die **Bundesschuld**, die Zinszahlungen auf bestehende Staatsschulden, lag in den letzten 5 Jahren in Deutschland bei durchschnittlich 9, 2% des Bundeshaushalts, siehe Tab. 4.2. Die Bundesschuld war in der Vergangenheit regelmäßig der zweit- oder drittgrößte Posten im Bundeshaushalt und verursacht deutlich höhere Kosten als die Etats für Gesundheit, Bildung oder Forschung.

Als die Finanzkrise ihren Lauf nahm, sahen sich Staaten darüber hinaus gezwungen, Banken und Finanzmärkte zu retten. Das Widersinnige ist, dass sich der Staat in unserem Geldsystem das Geld, das er zur Rettung der Banken benötigt, bei den Banken leihen muss, die er dann mit eben diesem geliehenen Geld rettet. Oder anders formuliert: Der Staat muss sich bei den Banken verschulden, deren Schulden er übernimmt, siehe [11], S. 82.

In unserem Geldsystem ist Verschuldung nicht vermeidbar. Wenn der Staat seine Schulden verringern könnte, die Geldvermögen der Deutschen aber unverändert blieben, dann hätte dies zwangsläufig eine Erhöhung der Verschuldung der Haushalte und der Unternehmen zur Folge. Denn da Geld in unserem Geldsystem fast ausschließlich per Kredit erzeugt wird, entspricht der Summe aller Geldvermögen im

Wesentlichen die Summe aller Schulden. Die Verringerung der Staatsverschuldung führt als einzelne Maßnahme nicht zu einer Verringerung der Gesamtverschuldung und nicht zu einer Verringerung des daraus resultierenden ständig fließenden Stroms von Zinszahlungen in den Bankensektor. Dieser Zinsfluss wird von den Bürgern als Bestandteil von Steuerabgaben und Konsumausgaben finanziert, und dies ist eine wesentliche Ursache für die beobachtete Polarisierung der Ökonomie, d. h. für eine Konzentration der Vermögen bei einer wohlhabenden Minderheit, finanziert durch die Masse der Bevölkerung, deren Wohlstand dadurch verringert wird.

Polarisierung der Gesellschaft. Mit der überproportionalen Ausdehnung der Geldmenge im Verhältnis zum BIP wachsen auch die Schulden und die Geldvermögen überproportional. Diese Geldvermögen sind, wie oben beschrieben, alle in irgendeiner Form zu verzinsen (Habenzinsen, Kupons, Dividenden u.a.). Dafür müssen Einkommen aus der laufenden Wertschöpfung abgezweigt werden. Dies hatte in den vergangenen Jahrzehnten eine ständige Verringerung der Lohn-Kapital-Quote zur Folge, und dies wiederum verstärkt den Anstieg der Verarmungsquote, das Ausdünnen des Mittelstands und die Konzentration der Vermögen bei einer kleinen Minderheit.

Der Mechanismus der Vermögensumverteilung durch Kapitalerträge wird im Folgenden Abschnitt 4.6 erläutert.

4.6 Zinsen und Zinstransfer

Kapitalrenditen, zu denen auch Zinsen gehören, verursachen wesentlich einen Kreislauf, der die in unseren Ökonomien beobachtete Umverteilung von Vermögen von unten nach oben zur Folge hat. Dieser Mechanismus wurde empirisch umfassend untersucht, insbesondere durch Piketty [30], und theoretisch in Kremer [15, 16, 17] begründet. Weiter unten wird dieser als **Zinstransfer** bezeichnete Mechanismus anhand eines Beispiels erläutert.

In einem Bestands-Geldsystem beziehen nur diejenigen Geldeigentümer Zinsen, die ihr Geld verleihen. In einem Kredit-Geldsystem wird die gesamte Geldmenge per Kredit erzeugt und für die der Geldmenge entsprechenden Schulden erhält das Bankensystem Zinszahlungen von den Mitgliedern der Ökonomie. Andererseits sind Sparer in einem Kredit-Geldsystem für die Vergabe von Krediten nicht notwendig und es besteht keine ökonomische Notwendigkeit, ihnen für ihr Sparen Zinsen zu gewähren. Unser Geldsystem ist ein Kredit-Geldsystem, in dem darüber hinaus Sparer Zinseinnahmen erhalten. Das bestehende System ist für Banken und für vermögende Geldeigentümer die profitabelste aller vorgestellten Alternativen.

Das Geldsystem, das in einer Ökonomie existiert, hat einen erheblichen Einfluss auf die Kapitaleinkünfte von Banken und Geldeigentümern. In dem in Kapitel 5 vorgeschlagenen modifizierten Vollgeldsystem wird Geld der Ökonomie als Bestand, und damit zinsfrei, zur Verfügung gestellt und Ersparnisse sind für die Kreditvergabe nicht erforderlich, also auch nicht die Verzinsung von Spareinlagen.

Der Zinstransfer

Zur Veranschaulichung der Funktionsweise des Zinstransfers betrachten wir im folgenden Beispiel eine Ökonomie, in der nur Haushalte und Unternehmen existieren. Wir setzen ein Kredit-Geldsystem voraus und nehmen an, dass die Haushalte, aggregiert betrachtet, über Ersparnisse verfügen, sodass die Unternehmen, aggregiert betrachtet, verschuldet sind.

Die Unternehmen legen ihre Kosten auf die Preise um, auch die Finanzierungskosten. Damit bezahlen alle Haushalte implizit über ihre Konsumausgaben die Kreditzinsen der Unternehmen.

Wir modellieren drei verschiedene Haushaltsgruppen, die wenig Vermögenden, den Mittelstand und die Vermögenden, und ordnen diesen Gruppen folgende Daten für Vermögen, Einkommen und Konsumausgaben zu:

Gruppe	Einkommen	Konsum	Vermögen
1	10	10	0
2	50	30	100
3	100	50	500

Tabelle 4.3: Ökonomie mit drei Haushaltsgruppen

Das aggregierte Anfangsvermögen der Ökonomie beträgt $V = 0 + 100 + 500 = 600$. Angenommen, der Zinssatz liegt bei $r = 3\%$. Dann betragen die gesamten Zinserträge der Ökonomie $R = 600 \cdot 3\% = 18$. Da die Geldvermögen den Schulden entsprechen, betragen die aggregierten Schulden der Ökonomie 600 und die aggregierten Zinskosten 18. Da wir den Staat als volkswirtschaftlichen Akteur hier nicht berücksichtigen, müssen die aggregierten Schulden allein von den Unternehmen getragen werden, die auch die Finanzierungskosten zu leisten haben. Die Zinskosten werden als Bestandteile der Gesamtkosten der von den Unternehmen hergestellten Güter und Dienstleistungen auf die Preise umgelegt und von den Haushalten über die Konsumausgaben finanziert.

Zur Bestimmung der Zinszahlungen der einzelnen Haushaltsgruppen werden die gesamten Zinszahlungen nun proportional zum Anteil des Konsums jeder Gruppe am Gesamtkonsum $C = 10 + 30 + 50 = 90$ auf die Gruppen aufgeteilt. Wir erhalten damit für die Zinsanteile im Konsum für jede Gruppe:

Gruppe	Anteil am Konsum	Zinskosten im Konsum
1	$\frac{10}{90} = 11,11\%$	$18 \cdot 11,11\% = 2$
2	$\frac{30}{90} = 33,33\%$	$18 \cdot 33,33\% = 6$
3	$\frac{50}{90} = 55,55\%$	$18 \cdot 55,55\% = 10$

Tabelle 4.4: *Aufteilung der Zinskosten auf die drei Haushaltsgruppen proportional zu ihrem Anteil am Gesamtkonsum*

Die Zinserträge auf Ersparnisse für jede Gruppe lauten dagegen:

4.6 Zinsen und Zinstransfer

Gruppe	Vermögen	Zinserträge
1	0	$0 \cdot 3\% = 0$
2	100	$100 \cdot 3\% = 3$
3	500	$500 \cdot 3\% = 15$

Tabelle 4.5: Zinserträge pro Haushaltsgruppe

Die in den Konsumausgaben enthaltenen Zinskosten müssen gezahlt werden, während die Zinserträge eingenommen werden. Damit gilt für die Zinsbilanz:

Gruppe	Zinserträge - Zinskosten
1	$0 - 2 = -2$
2	$3 - 6 = -3$
3	$15 - 10 = 5$

Tabelle 4.6: Zinstransfer pro Haushaltsgruppe

Wir sehen, dass die vermögendste Gruppe eine positive Bilanz hat. Hier überwiegen trotz des hohen Konsums die Zinserträge, während die beiden anderen Gruppen netto Zinszahler sind. Diese Situation ist charakteristisch für unser Geldsystem und für unsere Ökonomie. Mit realistischen Zahlen gerechnet erhalten wir das Ergebnis, dass über 80% der Haushalte netto Zinszahler sind, während die vermögendsten 15%-20% der Haushalte netto Kapitalerträge empfangen.

Abschätzung des Zinsanteils in den Konsumausgaben

In diesem Abschnitt wird die Größenordnung des Anteils der Zinszahlungen in den Konsumausgaben abgeschätzt. Für das Jahr 2014 gibt die Deutsche Bundesbank für die deutschen Kreditinstitute Zinserträge in Höhe von $R = 189,5$ Mrd. Euro und Zinsüberschüsse in Höhe von 90,4 Mrd. Euro an[1]. Die Zinserträge R müssen von den Haushalten der Ökonomie im Rahmen ihrer Konsumausgaben C jährlich finanziert werden. Sei s die mittlere Sparquote, also der Anteil des verfügbaren Einkommens Y, der nicht konsumiert wird, wobei Y das Bruttoinlandsprodukt bezeichnet. Dann gilt

$$(1-s)Y = C.$$

Damit beträgt der Anteil der Zinsen an den Konsumausgaben

$$z = \frac{R}{C} = \frac{R}{(1-s)Y}.$$

Das Bruttoinlandsprodukt in Deutschland betrug nach Angabe des Statistischen Bundesamtes Destatis[2] im Jahre 2015

$$Y = 3026,6 \text{ Mrd Euro},$$

und dies führt bei Annahme einer Sparquote[3] von $s = 9,7\%$ für die Konsumausgaben zu einem Betrag von $C = (1-s)Y = 2733$ Mrd. Euro. Damit folgt für den Anteil der Zinszahlungen in den Konsumausgaben der Wert

$$z = \frac{189,5}{2733} = 6,93\%.$$

In der aggregierten Geschäftsbankenbilanz von 2015, siehe Abb. 4.2, findet sich auf der Aktivseite die Position *Kredite an Nichtbanken* in Höhe von $V = 3208,7$ Mrd. Euro. Wird diese Summe als Schätzwert für die Geldvermögen gewählt, dann ergibt sich ein mittlerer Kreditzinssatz von

$$r = \frac{R}{V} = \frac{189,5}{3208,7} = 5,9\%.$$

---

[1] https://www.bundesbank.de/Redaktion/DE/Downloads/Veroeffentlichungen/Monatsberichtsaufsaetze/2015/2015_09_ertragslage_kreditinstitute.pdf?__blob=publicationFile
[2] https://www.destatis.de/DE/PresseService/Presse/Pressekonferenzen/-2016/BIP2015/Pressebroschuere_BIP2015.pdf?__blob=publicationFile
[3] https://www.destatis.de/DE/Publikationen/Thematisch/VolkswirtschaftlicheGesamtrechnungen/Inlandsprodukt/Konsumausgaben-PDF_5811109.pdf?__blob=publicationFile

Die bisherigen Überlegungen erstreckten sich nur auf Geldvermögen, während dagegen gewinnbringende Sachvermögen, wie etwa vermietete Immobilien oder das Eigentum an Aktien solcher Unternehmen, die Dividenden ausschütten, nicht in die Berechnungen einbezogen wurden. Wird für die Gesamtvermögen der Deutschen ein Schätzwert von 9300 Mrd. Euro zugrunde gelegt[4], dann ergeben sich unter Verwendung des oben berechneten durchschnittlichen Zinssatzes von $5,9\%$ jährliche Kapitalerträge in Höhe von

$$R = 5,9\% \cdot 9300 = 549 \text{ Mrd Euro},$$

und obige Rechnung liefert einen Anteil der Kosten für Kapitalerträge im Konsum in Höhe von

$$z = \frac{549}{2733} = 20,1\%.$$

Dieser Anteil umfasst nun neben den Zahlungen von Kreditzinsen auch die Abgaben an die Eigentümer gewinnbringender Sachvermögen.

Abschätzung der Höhe des Zinstransfers

Wie hoch muss ein verzinsliches Geldvermögen sein, damit die daraus resultierenden Zinserträge die in den Konsumausgaben enthaltenen Zinskosten übersteigen? Eine Antwort liefert folgende Überlegung: Nehmen wir monatliche Konsumausgaben der Höhe c an und nehmen wir weiter an, dass z Prozent von c Zinskosten sind. Die eingangs gestellte Frage lässt sich nun so formulieren: Wie hoch muss das mit einem Jahreszinssatz r verzinste Privatvermögen V sein, damit $rV > 12zc$ gilt? Die Bedingung lautet offenbar

$$V > 12\frac{zc}{r}.$$

Werden $z = 6,93\%$ und monatliche Konsumausgaben in Höhe von $c = 1500$ Euro angenommen, dann sind im Jahr $12zc = 1247,4$ Euro Zinskosten in den Konsumausgaben enthalten. Weiter folgt bei einem Zinssatz von $r = 2\%$ die Abschätzung $V > \frac{1247,4}{0,02} = 62.370$ Euro.

---

[4] http://www.sueddeutsche.de/wirtschaft/statistik-ueber-vermoegen-sehr-viel-reicher-als-gedacht-1.2345008

Erst ab einem mit 2% verzinsten Vermögen von über 62.370 Euro sind die Zinserträge also höher als die in den Konsumausgaben verborgenen Zinskosten. Anders ausgedrückt: Wer im Rahmen dieses Modells weniger als 62.370 Euro zu 2% anlegt, der zahlt über seine Konsumausgaben mehr an Zinsen, als er an Zinserträgen vereinnahmt.

Werden nicht nur Zinsen, sondern allgemein Kapitalkosten berücksichtigt und der oben geschätzte Wert von $z = 20,1\%$ zugrunde gelegt, dann betragen die jährlichen Kapitalkosten, die in den Konsumausgaben enthalten sind, $12 \cdot 20,1\% \cdot 1500 = 3618$ Euro, also $301,50$ Euro pro Monat. Ein mit 2% verzinstes Vermögen muss nun mindestens

$$V > \frac{3618}{0,02} = 180.900 \text{ Euro}$$

betragen, damit die Zinserträge die in den Konsumausgaben enthaltenen Kapitalkosten übersteigen.

Der Zinstransfer lässt sich abschätzen, indem die in den Konsumausgaben enthaltenen Kapitalkosten den Kapitalerträgen gegenübergestellt werden. Verfügt ein Haushalt über ein Sparvermögen von $V = 20.000$ Euro, das mit $r = 2\%$ verzinst wird, dann verursacht dies jährliche Zinseinnahmen in Höhe von $rV = 400$ Euro. Betragen die Konsumausgaben des Haushalts wie in obigem Beispiel 1500 Euro pro Monat, die 20.1% Kapitalkosten enthalten, dann verursacht dies jährliche Kosten in Höhe von 3618 Euro, sodass die Jahresbilanz $400 - 3618 = -3218$ Euro lautet. Obwohl der Haushalt über verzinsliche Ersparnisse verfügt, zahlt er netto pro Jahr 3218 Euro Kapitalkosten, also 268 Euro pro Monat.

Kapitel 5

Das Vollgeld-System

Die am Ende des letzten Kapitels dargestellten Funktionsprobleme unseres Geldsystems haben zu einer Suche nach Reformvorschlägen geführt.

5.1 Reformvorschläge 100%-Money und Vollgeld

Eine Reformidee für unser aktuelles Kredit-Geldsystem besteht darin, die Geschäftsbanken gesetzlich dazu zu verpflichten, ihre Guthaben zu 100% durch Zentralbankgeld zu decken. In diesem Fall wäre sichergestellt, dass für die Guthaben als jederzeit verfügbare Einlagen in jedem denkbaren Fall tatsächlich ausreichende Mengen an Zentralbankgeld zur Verfügung stünden. Dieser Vorschlag aus den 30er Jahren des letzten Jahrhunderts erfuhr im Jahre 2012 eine Renaissance durch die Arbeit *The Chicago Plan Revisited*, [1], der beiden IWF-Mitarbeiter Jaromir Benes und Michael Kumhof.

Das **100%-Money-Konzept** des Chicago-Plans, das von Irving Fisher in [4] ausführlich erläutert wird, belässt das Geldsystem seiner Struktur nach als Kredit-Geldsystem. Damit hängt auch in einem 100%-System die Existenz des Geldes davon ab, dass die Akteure fähig und bereit sind, sich zu verschulden.

Ein alternativer Ansatz ist das **Vollgeld-Konzept**, bei dem das Geldsystem in ein Bestands-Geldsystem überführt würde. Es wurde 1998 von Joseph Huber begründet und bis heute weiterentwickelt. Eine detaillierte, aktualisierte und gut lesbare Darstellung bietet [11]. Die zentralen Ideen lauten:

1. Gleichstellung des Giralgelds mit Bargeld, das heißt, die Guthaben der Girokonten werden zu vollwertigem Zentralbankgeld, daher der

Name **Vollgeld**. Im Zuge der Umwandlung von Giroguthaben in Zentralbankgeld würde unser Kredit-Geldsystem in ein Bestands-Geldsystem umgewandelt. Die Giroguthaben werden zu dauerhaft existentem Bestands-Geld.

2. Beendigung der Fähigkeit der Geschäftsbanken, Geld schöpfen zu können. In diesem Zusammenhang werden die Giroguthaben der Kunden aus den Bilanzen der Geschäftsbanken ausgegliedert.

3. Vollständige Herstellung des *staatlichen Geldregals*[1] durch die Übertragung des alleinigen Rechts, die Geldmenge zu verändern, also insbesondere zu erhöhen, an eine neue, vierte staatliche Gewalt, die in Anlehnung an die Konzepte *Legislative*, *Judikative* und *Exekutive* dann *Monetative* genannt wird. Die gegenwärtigen Zentralbanken werden zu dieser Monetative aufgewertet, und, soweit nicht schon erfolgt, zu einer rein staatlichen Einrichtung, der als zentrale Aufgabe die Versorgung der Ökonomie mit wertbeständigem Geld obliegt. Insbesondere ist die Monetative, analog zum Status des Bundesverfassungsgerichts, unabhängig von den Weisungen der Regierung.

4. Die Monetative stellt Vollgeld als Bestand beispielsweise dadurch zur Verfügung, dass die betreffenden Geldbeträge auf das Konto des Staates gebucht und sodann im Rahmen von Staatsausgaben der Ökonomie zugeführt werden. Das Geld wird jedenfalls zins- und tilgungsfrei als Bestand bereitgestellt, und das Vollgeld-Konzept bietet einen Ausweg aus der heutigen, theoretisch und praktisch unbefriedigenden Situation, in der Geld überwiegend durch zinslastige Kredite erzeugt wird.

5. Die Umstellung auf ein Vollgeld-System kann ohne Währungsreform und ohne Beeinträchtigung des laufenden Zahlungsverkehrs durchgeführt werden.

6. Die Umstellungsphase auf ein Vollgeld-System kann und soll zur Tilgung der Staatsschulden genutzt werden. Dies bedeutet nicht nur eine Begrenzung oder Verringerung der Neuverschuldung, sondern einen vollständigen Schuldenabbau.

---

[1] Mit dem Begriff *Geldregal* wird das Recht zur Geldschöpfung bezeichnet.

Joseph Huber gehörte im Jahr 2009 zu den Urhebern des Geldreform-Netzwerks *Monetative*. In den letzten Jahren hat sich der Vollgeldansatz durch eine Reihe von Geldreform-Initiativen international verbreitet. In der Schweiz ist es der *Verein Monetäre Modernisierung (MoMo)*, der sich für eine Vollgeldreform einsetzt. Im angelsächsischen Raum wird eine Vollgeldreform in den USA vom *American Monetary Institute* unter der Bezeichnung *US-money*, in Großbritannien unter dem Namen *Positive Money* von der Initiative *new economics foundation, nef*, propagiert. Weitere Initiativen mit ähnlichen Programmen sind *Primit (Programma per la Riforma Monetaria Italiana)* und *Moneta@Proprietà* in Italien sowie *Vivant* in Belgien.

5.2 Der Übergang zu einem Vollgeld-System

Eine denkbare Umstellungsstrategie unseres aktuellen Kredit-Geldsystems auf ein Vollgeld-System lautet wie folgt:

- Jede Geschäftsbank besitzt bereits ein Konto bei der Zentralbank, welches im Folgenden als Vollgeld-Konto geführt wird, und die auf diesen Konten befindlichen Guthaben werden als Vollgeld-Guthaben interpretiert. Für jeden anderen Kontoinhaber jeder Geschäftsbank wird ein Vollgeld-Konto bei der Zentralbank eröffnet.

- Die kompletten Sichteinlagen jedes dieser Kontoinhaber werden auf das entsprechende Vollgeld-Konto bei der Zentralbank umgebucht.

- Die Vollgeld-Konten werden, wie die Girokonten der Geschäftsbanken, auf der Passivseite der Zentralbankbilanz verwaltet. Die für die Überweisungen auf die Vollgeld-Konten benötigten aktivseitigen Zentralbankgelder werden in voller Höhe und zinslos von der Zentralbank per Kredit zur Verfügung gestellt.

- Die Bestände der Vollgeld-Konten werden nun als Vollgeld, d.h. als Zentralbankgeld, interpretiert und verwaltet.

Wir erläutern die Umstellung anhand folgender Beispielbilanz des aus den Banken A und B bestehenden Geschäftsbankensystems:

5. Das Vollgeld-System

<table>
<tr><td colspan="2" align="center">Geschäftsbank A</td></tr>
<tr><td>Aktiva</td><td>Passiva</td></tr>
</table>

Aktiva		Passiva	
Aktiva	25	Eigenkapital	20
Guthaben Z	5	Vbk Z	10
Forderung S	15	Vbk B	10
Forderung a_1	10	Guthaben a_2	5
		Sparen a_2	10
	55		55

Geschäftsbank B

Aktiva		Passiva	
Aktiva	10	Eigenkapital	5
Guthaben Z	5	Vbk Z	20
Forderung S	35	Guthaben S	10
Forderung A	10	Guthaben b_1	20
Forderung b_1	15	Guthaben b_2	10
Forderung b_2	20	Guthaben b_3	10
		Sparen b_3	20
	95		95

Dabei bezeichnen:

Aktiva	nicht weiter bezeichnete Aktiv-Positionen
Guthaben Z	Guthaben Zentralbankgeld
Forderung S	Forderung an den Staat
Forderung A	Forderung an Geschäftsbank A
Vbk Z	Verbindlichkeit gegenüber der Zentralbank
Vbk B	Verbindlichkeit gegenüber Geschäftsbank B

Als Ausgangsbilanz der Zentralbank nehmen wir an:

Zentralbank

Aktiva		Passiva	
Forderung A	10	Eigenkapital	20
Forderung B	20	Vollgeld A	5
		Vollgeld B	5
	30		30

Hier werden die Zentralbank-Guthaben der Geschäftsbanken bereits auf Vollgeld-Konten geführt. Werden nun die Bestände aller Girokonten der Nichtbanken des Geschäftsbanken-Systems auf die entsprechenden Konten bei der Zentralbank umgebucht, dann führt dies zu folgenden Bilanzen:

5.2 Der Übergang zu einem Vollgeld-System

Geschäftsbank A

Aktiva		Passiva	
Aktiva	25	Eigenkapital	20
Guthaben Z	5	Vbk Z	15
Forderung S	15	Vbk B	10
Forderung a_1	10	Sparen a_2	10
	55		55

Geschäftsbank B

Aktiva		Passiva	
Aktiva	10	Eigenkapital	5
Guthaben Z	5	Vbk Z	70
Forderung S	35	Sparen b_3	20
Forderung A	10		
Forderung b_1	15		
Forderung b_2	20		
	95		95

Zentralbank

Aktiva		Passiva	
Forderung A	15	Eigenkapital	20
Forderung B	70	Vollgeld A	5
Geldbestand E	10	Vollgeld B	5
		Vollgeld S	10
		Vollgeld a_1	0
		Vollgeld a_2	5
		Vollgeld b_1	20
		Vollgeld b_2	10
		Vollgeld b_3	10
		Umlauf E	10
	95		95

Dabei bezeichnet Umlauf E die umlaufende Bargeldmenge[2], die sich als Differenz zwischen den aggregierten Krediten der Nichtbanken und den aggregierten Giro- und Sparkonten-Beständen der Nichtbanken in Höhe von $95 - 85 = 10$ ergibt.

Bei jeder Geschäftsbank wird die Gesamtheit der Guthaben-Positionen der Nichtbanken nach der Umbuchung ersetzt durch eine einzige Position Vbk Z, eine Verbindlichkeit gegenüber der Zentralbank, in gleicher Höhe wie die Summe der überwiesenen

---

[2] E steht für Economy

Guthaben-Positionen, denn die entsprechende Summe wurde von der Zentralbank per Kredit erworben und im Rahmen der Überweisung aktivseitig wieder an die Zentralbank übertragen. Durch die Überweisungen haben sich die Bilanzsummen der Geschäftsbanken nicht verändert.

Die Beträge, die nach Ablauf von Sparverträgen zu gewöhnlichen Bankguthaben werden, werden ebenfalls auf entsprechende Vollgeld-Konten bei der Zentralbank umgebucht. Im Laufe der Zeit werden auf diese Weise sämtliche Spar- und Girokonten-Positionen von Nichtbanken bei Geschäftsbanken aufgelöst und zu Vollgeld-Positionen bei der Zentralbank.

5.3 Überweisungen, Einzahlungen und Auszahlungen

Überweisungen werden nun durch einfache Guthabenübertragung zwischen Vollgeld-Konten realisiert. Auch Einzahlungen und Auszahlungen werden in dieser einfachen Form durchgeführt. Bei einer Auszahlung wird dem entsprechenden Kunden das Geld ausgezahlt, sein Vollgeld-Konto wird um den Auszahlungsbetrag verringert und dieser Betrag wird der Position Umlauf E hinzugefügt. Bei einer Einzahlung wird entsprechend umgekehrt vorgegangen.

5.4 Die Tilgung bestehender Kredite

Im Zuge einer Umstellung auf Vollgeld werden die Giroguthaben der Nichtbanken durch Verbindlichkeiten der Geschäftsbanken gegenüber der Zentralbank ersetzt.

Bestehende Kredite werden getilgt, indem Kreditnehmer Tilgungsleistungen von ihren Vollgeldkonten auf die Betriebskonten der betreffenden Geschäftsbanken überweisen. Sollte eine Geschäftsbank ihrerseits Schulden gegenüber der Zentralbank besitzen, dann könnten eingehende Tilgungsbeträge dazu genutzt werden, um die Verbindlichkeiten dieser Geschäftsbank gegenüber der Zentralbank zu reduzieren.

5.5 Der Abbau der Staatsschulden

Im aktuellen Kredit-Geldsystem gewähren die Geschäftsbanken dem Staat verzinsliche Kredite. Im Laufe der Jahrzehnte sind die Staatsschulden so auf die Größenordnung des Bruttoinlandsprodukts angewachsen, Tendenz weiter steigend. Zum Ende des Jahres 2011 betrug in Deutschland die Staatsverschuldung beispielsweise 81,2% des Bruttoinlandsprodukts von $2592,6$ Mrd. Euro zu diesem Zeitpunkt. Der Schuldenstand belief sich also auf $2105,2$ Mrd. Euro. Die Tilgungsleistungen inklusive der Zinszahlungen müssen aus dem Steueraufkommen der Bürger finanziert werden. Alleine die Zinszahlungen auf bestehende Kredite bildeten 2011 mit über 37 Mrd. Euro den zweitgrößten Posten im Bundeshaushalt, der etwa 353 Mrd. Euro umfasste.

Rein bilanz- und buchungstechnisch sind Staatsschulden äquivalent zu Krediten, die Haushalte und Unternehmen beim Geschäftsbankensystem aufgenommen haben. Also verläuft auch die Tilgung von staatlichen Krediten so, wie es im vorangegangenen Abschnitt beschrieben wurde.

Allerdings gibt es einen wesentlichen Unterschied: Die Zentralbank ist nach einer Vollgeldreform in der Lage, die Geldmenge unmittelbar und wirksam zu steuern. Sollte, etwa aufgrund gestiegener Wirtschaftsleistung, der Geldbestand der Ökonomie ausgeweitet werden, dann würde die Zentralbank die entsprechende Geldmenge aktivseitig erhöhen und passivseitig auf das Vollgeldkonto des Staates buchen. Dieses Verfahren würde die Geldmenge erhöhen, jedoch ohne dass das neue Geld im Rahmen mit Zinsen zu tilgender Kredite vom Geschäftsbankensystem geliehen werden muss. Der durch dieses Verfahren der Geldschöpfung erzielte Gewinn wird *Seignorage* genannt und fließt in Vollgeld-Systemen vollständig dem Staat zu.

Diese Vorgehensweise könnte unmittelbar nach der Vollgeldreform zunächst dazu verwendet werden, um die Staatsschulden abzubauen. Im Beispiel dieses Abschnitts betragen die Schulden des Staates jeweils 15 und 35 bei den beiden Geschäftsbanken A und B, die auf den Positionen *Forderung S* verwaltet werden.

Die Zentralbank könnte jetzt den aktivseitigen Geldbestand der Ökonomie um $15+35 = 50$ von 10 auf 60 ausweiten, wobei dieses Geld passivseitig dem Vollgeldkonto des Staates, *Vollgeld S*, gutgeschrieben wird:

Zentralbank

Aktiva		Passiva	
Forderung A	15	Eigenkapital	20
Forderung B	70	Vollgeld A	5
Geldbestand E	60	Vollgeld B	5
		Vollgeld S	60
		Vollgeld a_1	0
		Vollgeld a_2	5
		Vollgeld b_1	20
		Vollgeld b_2	10
		Vollgeld b_3	10
		Umlauf E	10
	145		145

Die Bilanzsumme der Zentralbank erhöht sich auf diese Weise um 50 von 95 auf 145. Nun könnte der Staat die beiden Forderungen der Geschäftsbanken tilgen, wobei wir annehmen, dass bei Tilgung des Kredits von Geschäftsbank A Zinsen in Höhe von 1, und bei Tilgung des entsprechenden Kredits von Geschäftsbank B Zinsen in Höhe von 2 zu zahlen sind:

Geschäftsbank A

Aktiva		Passiva	
Aktiva	25	Eigenkapital	21
Guthaben Z	21	Vbk Z	15
Forderung a_1	10	Vbk B	10
		Sparen a_2	10
	56		56

Geschäftsbank B

Aktiva		Passiva	
Aktiva	10	Eigenkapital	7
Guthaben Z	42	Vbk Z	70
Forderung A	10	Sparen b_3	20
Forderung b_1	15		
Forderung b_2	20		
	97		97

Das Vollgeldkonto der Geschäftsbank A erhöht sich von 5 auf 21, während die entsprechende Forderung gegen den Staat ausgebucht wird. Passivseitig wird das Eigenkapital um 1 von 20 auf 21 erhöht. Bei Geschäftsbank B wird das Vollgeldkonto von 5 um 37 auf 42 erhöht, während die Forderung gegen den Staat gestrichen wird. Das Eigenkapital steigt hier von 5 auf 7. Daraufhin ändert sich die Bilanz der Zentralbank zu:

Zentralbank

Aktiva		Passiva	
Forderung A	15	Eigenkapital	20
Forderung B	70	Vollgeld A	21
Geldbestand E	60	Vollgeld B	42
		Vollgeld S	7
		Vollgeld a_1	0
		Vollgeld a_2	5
		Vollgeld b_1	20
		Vollgeld b_2	10
		Vollgeld b_3	10
		Umlauf E	10
	145		145

Mit dem erhaltenen Zentralbankgeld könnten die Geschäftsbanken nun ihre Verbindlichkeiten gegenüber der Zentralbank tilgen oder reduzieren.

5.6 Die Kreditvergabe in Vollgeld-Systemen

In jeder Ökonomie sind Kredite wichtig und sinnvoll. In Vollgeld-Systemen soll jedoch die Zentralbank die einzige Instanz sein, die neues Geld schöpfen kann. Joseph Huber und die Monetative schlagen vor, dass in Vollgeld-Systemen Kredite aus Vollgeld-Beständen vergeben werden sollen. Dazu wären Sparer erforderlich, die das zu sparende Geld von ihren Vollgeld-Konten bei der Zentralbank im Rahmen von Sparverträgen an Geschäftsbanken überweisen würden. Aus diesen Sparguthaben würden die Geschäftsbanken dann Kredite vergeben. Diese ausgeliehenen Beträge würden im Rahmen der Tilgung der Kredite nach Ende der Sparfrist wieder auf die Vollgeld-Konten der Sparer zurückfließen, und die Sparer würden sich das Verleihen ihres Kapitals durch Zinszahlungen der Kreditnehmer vergüten lassen.

Die Umsetzung dieses Konzept hätte folgende Konsequenzen:

1. Die Ökonomie wäre abhängig von der Bereitschaft der Vermögenden, dem Bankensystem Gelder für die Kreditvergabe zur Verfügung zu stellen.
2. Für das gesamte Geldvolumen, das gespart wird, müssen die Mitglieder der Ökonomie Zinsen aufbringen. Denn für die den Banken geliehenen Sparbeträge werden die Sparer Zinsen erwarten und von den Banken auch erhalten.

Alternativ schlage ich daher vor, dass jede Geschäftsbank, bei der ein Kunde um einen Kredit nachfragt, sich den Kreditbetrag selbst zu 100% von der Zentralbank leihen muss – und dass diese Leihe bis auf Verwaltungsgebühren kostenfrei ist. Die Geschäftsbank gibt dieses Geld nach Erhalt an den Kreditnehmer weiter, der verpflichtet ist, vertragsgemäß zu tilgen. Die den Geschäftsbanken zufließenden Tilgungsbeträge werden wiederum an die Zentralbank zurückgeleitet, sodass auf diese Weise die Ausgangssituation nach der Tilgung wieder hergestellt wird.

Durch das hier skizzierte Verfahren ist die Ökonomie nicht darauf angewiesen, dass Wirtschaftsteilnehmer ihr Geld anderen zur Kreditaufnahme zur Verfügung stellen. Dennoch bleiben die kreditgebenden Banken wie jetzt auch in der Haftung und werden daran interessiert sein, nur dann Kredite zu vergeben, wenn die Kreditnehmer ausreichend kreditwürdig sind. Denn sollte ein Kredit ausfallen, so muss er von der kreditgewährenden Bank abgeschrieben werden, und die Bank muss die Abschreibung aus ihrem Eigenkapital finanzieren.

Bei dieser Variante des Vollgeld-Systems sind Sparer für die Vergabe von Krediten nicht notwendig, und es gibt insbesondere keinen ökonomisch zwingenden Grund, Sparguthaben zu verzinsen[3]. Das bedeutet aber auch, dass die Kosten für Kredite Bearbeitungs- und Verwaltungsgebühren sowie dann, wenn die Sicherheiten nicht ausreichen,

---

[3] Das vorrangige, offiziell vertretene Ziel einer Zentralbank ist die Gewährleistung der Preisstabilität. Diese Gewährleistung der Preisstabilität ist in einem Vollgeldsystem die wichtigste Aufgabe und Verantwortlichkeit der Monetative, denn zinslos angesparte Guthaben müssen ihren Wert im Zeitverlauf erhalten. Dies gilt insbesondere für Ersparnisse, die als Altersrücklagen dienen sollen.

5.6 Die Kreditvergabe in Vollgeld-Systemen

Risikoprämien beinhalten sollten, nicht aber Anteile, die als Sparzinsen an die Sparer weitergereicht werden. Um diese Zinsanteile sollten Kredite also billiger werden.

Die Zentralbank hat eine direkte und vollständige Kontrolle über die Kreditvergabe der Geschäftsbanken, denn jeder Kredit muss zu 100% von der Zentralbank finanziert werden. Bestehen seitens der Zentralbank Bedenken gegenüber der Kreditpolitik einer Geschäftsbank, dann kann deren Kreditvergabepraxis durch Leihebeschränkungen von Vollgeld unmittelbar und wirksam beeinflusst werden.

Im gegenwärtigen Geldsystem besteht die Strategie zur Steuerung der Geldmenge darin, Kredite durch eine Erhöhung der Leitzinsen teurer und durch eine Senkung billiger zu machen. Diese Steuerung ist wenig effizient, da nur ein Bruchteil des Kreditvolumens durch Zentralbankgeld gedeckt ist. Kredite könnten jedoch vollständig ohne Kreditzinsen dadurch teurer oder billiger gemacht werden, dass Vorgaben für die Höhe der Tilgungsraten bzw. für die Gesamtdauer der Tilgung gemacht werden. So könnten die Tilgungsraten erhöht und die Gesamtdauer von Kreditverträgen verkürzt werden, wenn ein Überschießen der Geldmenge beobachtet wird, sodass die durch Kredite ausgeweitete Geldmenge in einem kürzeren Zeitraum durch Tilgung wieder reduziert wird. Zudem würde die Nachfrage nach Krediten unter diesen Voraussetzungen sinken. Eine Verringerung der Geldmenge würde gegebenenfalls auch durch eine entsprechende Abschöpfung aus den Steuereinnahmen des Staates seitens der Monetative erzielt werden können.

Entsprechend könnte eine Erhöhung der Geldmenge nicht nur durch die Ausdehnung des Geldbestands durch die Monetative, sondern auch durch eine Senkung der Tilgungsraten und durch eine Verlängerung der Kreditlaufzeiten erzielt werden.

Konzeptionell besteht die hier dargestellte Modifikation eines Vollgeld-Systems aus der Kombination eines Bestands-Geldsystems mit einem Kredit-Geldsystem, bei dem die Guthaben zu 100% durch Zentralbank-Reserven gedeckt sind. Es handelt sich also um ein Geldsystem, bei dem auf einer Vollgeld-Basis ein 100%-Reserve Kredit-Geldsystem aufsetzt ist.

5.7 Zusammenfassung und Fazit

Die Konzeption der Vollgeld-Systeme ist durchdacht und gut ausgearbeitet, und für die Umsetzung eines Vollgeld-Systems ist keine Währungsreform erforderlich. Dennoch hätte diese Reform weitreichende Konsequenzen, wie etwa einen vollständigen Abbau der Staatsschulden, aber auch eine Verringerung des Einflusses des Finanzsektors und eine Beschneidung seiner Einkünfte. Die Dienstleistungen der Banken wären weniger exklusiv und ihre Profite würden sich voraussichtlich den Gewinnen anderer Branchen annähern.

Eine Vollgeld-Reform würde jedoch, wie jede bedeutende Reform, auf viele Bereiche ausstrahlen, wie beispielsweise auch auf die Konzeption der Altersvorsorge: Im Laufe des Lebens angesparte Vermögen müssten unverzinst für die spätere Versorgung ausreichen. Dies erfordert erstens, dass die Arbeitseinkünfte für alle Schichten ausreichend hoch sein müssten, und zweitens, dass der Geldwert tatsächlich über die Zeit stabil gehalten wird. Die aktuell angestrebten 2% Inflation pro Jahr führen nach 70 Jahren zu einer Vervierfachung der Preise, und das ist keine Preisstabilität. Die Altersvorsorge hat allerdings in der momentanen Niedrigzinsphase in Kombination mit einer Sättigung des Wirtschaftswachstums auch im derzeitigen Geldsystem die oben angesprochenen Probleme und bringt aktuell sowohl die weniger wohlhabenden Schichten als auch Lebensversicherungen in Bedrängnis.

Eine entscheidende Voraussetzung bei der Konzeption von Vollgeld-Systemen ist eine von staatlichen Weisungen unabhängige, aber dem Wohle des Staates und seinen Bürgern verpflichtete Zentralbank. Erklärtes Ziel der politischen Eliten in Europa ist dagegen die Übertragung nationaler Souveränitätsrechte an überstaatliche Organisationen, wie etwa an die Europäische Kommission oder an die Europäische Zentralbank[4]. Die Eigenständigkeit und die Gestaltungsmöglichkeiten der europäischen Nationalstaaten werden bewusst eingeschränkt, und sollten Abkommen wie CETA oder TTIP tatsächlich abgeschlossen werden, dann könnten Konzerne, die bei einer etwaigen Geldreform

---

[4] Bundeskanzlerin Merkel sagte am 9. November 2009 in einer Rede auf der Konferenz „Falling Walls" in Berlin: „Das heißt, eine der spannendsten Fragen, Mauern zu überwinden, wird sein: Sind Nationalstaaten bereit und fähig dazu, Kompetenzen an multilaterale Organisationen abzugeben, koste es, was es wolle ...", siehe Kleine-Hartlage [13].

5.7 Zusammenfassung und Fazit

Wettbewerbsnachteile und Profiteinbußen befürchten, Nationalstaaten auf Schadenersatz verklagen. Dies setzt den Gestaltungsmöglichkeiten der Staaten Europas immer engere Grenzen und dürfte weitreichende Reformen, auch wenn sie sinnvoll wären, de facto ausschließen.

Der eingeschlagene Weg ist jedoch nicht alternativlos, so wie es uns Politik und Medien glauben machen wollen. Voraussetzung für gute Alternativen ist Aufklärung, die in unseren Zeiten massiver Medienpropaganda selbständig und aktiv erarbeitet werden muss, aber dank der vielfältigen Informationen, zu denen wir freien Zugang haben, auch erarbeitet werden kann. Immanuel Kant sagte: „Aufklärung ist der Ausgang des Menschen aus seiner selbstverschuldeten Unmündigkeit. Unmündigkeit ist das Unvermögen, sich seines Verstandes ohne Leitung eines anderen zu bedienen. Selbstverschuldet ist diese Unmündigkeit, wenn die Ursache derselben nicht am Mangel des Verstandes, sondern der Entschließung und des Mutes liegt." Haben wir also den Mut, uns unseres Verstandes zu bedienen – und entsprechend zu handeln, ob durch die aktive Suche nach vertrauenswürdigen Informationsquellen und deren Erschließung, durch ein Abkoppeln von der Medienpropaganda, durch Gedankenaustausch im Freundes- und Familienkreis oder durch überlegte Entscheidungen bei Landtags- und Bundestagswahlen.

Index

100%-Money-Konzept, 55

A
Abheben von Geld, 12
Abheben von Guthaben, 31
abschreiben, 16
Abschreibung, 16, 34, 36
Aktivseite, 9
Aktivtausch, 18

B
Bargeld, 31
Barreserve, 42
Bestands-Bargeldsysteme, 11
Bestands-Geldsystem, 11
Bestands-Giralgeldsysteme, 23
Bilanz, 9
Bilanzsumme, 9
Bonität, 36
Bundesschuld, 47

E
Eigenkapital, 9, 16, 17

F
Forderung, 15
Forderungsausfälle, 17

G
Geldkarte, 23, 31
Geldmenge M1, 19, 25
Geldregal, 56
Geldschöpfung, 19, 24, 39

Giralgeld, 23
Guthaben, 28
Guthabenschöpfung, 19
Gutschein-System, 21

K
Kredite, 14
Kredit-Geldsystem, 27
Kreditgewährung, 24

L
Leitzinsen, 38
Liquiditätsengpass, 32

M
Monetative, 56, 57

N
new economics foundation, 57

P
Passivseite, 9
Passivtausch, 13, 32
Positive Money, 57

S
Seignorage, 61
Sicherheiten, 36
Sparen, 13, 32
Staatliches Geldregal, 56
Steuerung der Geldmenge, 22

T
Tilgung, 15, 34

U
Überweisungen, 12, 29

V
Vollgeld, 56
Vollgeld-Konzept, 55
Vollgeld-System, 55

Z
Zentralbank, 11, 29
Zentralbank-Konto, 29
Zentralbank-Reserven, 30
Zinsänderungsrisiko, 38
Zinsen, 22, 37
Zinstransfer, 48

Literaturverzeichnis

[1] Benes J., Kumhof M. (2012). *The Chicago Plan Revisited*, IMF Working Paper.

[2] Binswanger H. C., Huber J., Mastronardi P. (2012). *Die Vollgeld-Reform – Wie Staatsschulden abgebaut und Finanzkrisen verhindert werden können,* Verein Monetäre Modernisierung (Hrsg.), Edition Zeitpunkt.

[3] Deutsche Bundesbank (2010). *Geld und Geldpolitik*.

[4] Fisher I. (2007). *100%-Money*, Verlag für Sozialökonomie.

[5] Gocht R. (1975). *Kritische Betrachtungen zur nationalen und internationalen Geldordnung*, Duncker & Humblot.

[6] Hankel W., Nölling W., Schachtschneider K. A., Starbatty J. (1998). *Die Euro-Klage. Warum die Währungsunion scheitern muß*, Rowohlt.

[7] Hankel W., Nölling W., Schachtschneider K. A., Starbatty J. (2001). *Die Euro-Illusion. Ist Europa noch zu retten?*, Rowohlt.

[8] Hankel W., Nölling W., Schachtschneider K. A., Spethmann D., Starbatty J. (2011). *Das Euro-Abenteuer geht zu Ende: Wie die Währungsunion unsere Lebensgrundlagen zerstört*, 2. Auflage, Kopp.

[9] Huber J. (1998). *Vollgeld*, Duncker & Humblot.

[10]	Huber J., Robertson J. (2008). *Geldschöpfung in öffentlicher Hand*, Verlag für Sozialökonomie.
[11]	Huber J. (2016). *Monetäre Modernisierung – Zur Zukunft der Geldordnung*, 5. aktualisierte Auflage, Metropolis.
[12]	Jackson A., Dyson B. (2013). *Modernising Money – Why our monetary system is broken and how it can be fixed*, New Economics Foundation.
[13]	Kleine-Hartlage M. (2012). *„Neue Weltordnung" – Zukunftsplan oder Verschwörungstheorie*, Antaios.
[14]	Kleine-Hartlage M. (2015). *Die Sprache der BRD – 131 Unwörter und ihre politische Bedeutung*, Antaios.
[15]	Kremer J. (2008). *Dynamische Analyse – Die Untersuchung des langfristigen Verhaltens von Ökonomien*, in Luderer B. (Hrsg.) *Die Kunst des Modellierens – Mathematisch-ökonomische Modelle*, Vieweg+Teubner.
[16]	Kremer J. (2014). *Grundlagen der Ökonomie – Geldsysteme, Zinsen, Wachstum und die Polarisierung der Ökonomie*, 2. Auflage, Metropolis.
[17]	Kremer J. (2016). *On the Polarization of Economies*.
[18]	Kreutzer E. W. (2007). *Wolf's wahnwitzige Wirtschaftslehre. Band I: Unternehmer und Marktwirtschaft*, 2. Ausgabe, EWK-Verlag.
[19]	Kreutzer E. W. (2007). *Wolf's wahnwitzige Wirtschaftslehre. Band II: Globale Konzepte*, 2. Ausgabe, EWK-Verlag.
[20]	Kreutzer E. W. (2007). *Wolf's wahnwitzige Wirtschaftslehre. Band III: Über das Geld*, 2. Ausgabe, EWK-Verlag.

LITERATURVERZEICHNIS

[21] Kreutzer E. W. (2007). *Wolf's wahnwitzige Wirtschaftslehre. Band IV: Eigentum und Teilhabe*, 2. Ausgabe, EWK-Verlag.

[22] Müller D. (2014). *Showdown – Der Kampf um Europa und um unser Geld*, Knaur.

[23] Müller D. (2015). *Cashkurs*, Knaur.

[24] Otte M. (2009). *Der Crash kommt: Die neue Weltwirtschaftskrise und was Sie jetzt tun können*, Ullstein.

[25] Otte M. (2010). *Die Krise hält sich nicht an Regeln: 99 Fragen zur aktuellen Situation – und wie es weiter geht*, Econ.

[26] Otte M. (2010). *Der Informationscrash: Wie wir systematisch für dumm verkauft werden*, Ullstein.

[27] Otte M. (2011). *Stoppt das Euro-Desaster*, Ullstein.

[28] Otte M. (2016). *Rettet unser Bargeld*, Ullstein.

[29] Peukert H. (2012). *Die große Finanzmarkt- und Staatsschuldenkrise. Eine kritisch-heterodoxe Untersuchung*, 4. aktualisierte Auflage, Metropolis.

[30] Piketty T. (2014). *Das Kapital im 21. Jahrhundert*, C. H. Beck

[31] Ryan-Collins J., Greenham T., Werner R. (2011). *Where Does Money Come From? – A Guide to the UK Monetary and Banking System*, New Economics Foundation.

[32] Sarrazin T. (2010). *Deutschland schafft sich ab – Wie wir unser Land aufs Spiel setzen*, Deutsche Verlags-Anstalt.

[33] Sarrazin T. (2012). *Europa braucht den Euro nicht – Wie uns politisches Wunschdenken in die Krise geführt hat*, Deutsche Verlags-Anstalt.

[34] Schachtschneider K. A. (1994). *Res publica res populi: Grundlegung einer Allgemeinen Republiklehre. Ein Beitrag zur Freiheits-, Rechts- und Staatslehre*, Duncker-Humblot.

[35] Schachtschneider K. A. (2007). *Freiheit in der Republik*, Duncker-Humblot.

[36] Schachtschneider K. A. (2010). *Verfassungsrecht der Europäischen Union Teil 2: Wirtschaftsverfassung mit Welthandelsordnung*, Duncker-Humblot.

[37] Schachtschneider K. A. (2011). *Die Rechtswidrigkeit der Euro-Rettungspolitik: Ein Staatsstreich der politischen Klasse*, Kopp.

[38] Schachtschneider K. A. (2012). *Die Souveränität Deutschlands*, Kopp.

[39] Schumann H., Grefe C. (2009). *Der globale Countdown: Finanzcrash, Wirtschaftskollaps, Klimawandel – Wege aus der Krise*, Kiepenheuer & Witsch.

[40] Senf B. (2014). *Die blinden Flecken der Ökonomie*, 6. Auflage, Metropolis.

[41] Senf B. (2014). *Der Nebel um das Geld: Zinsproblematik – Währungssysteme – Wirtschaftskrisen*, 11. Auflage, Metropolis.

[42] Senf B. (2014). *Der Tanz um den Gewinn: Von der Besinnungslosigkeit zur Besinnung der Ökonomie*, 4. Auflage, Metropolis.

[43] Seiffert H. (2012). *Geldschöpfung – Die verborgene Macht der Banken*, Horst Seiffert.

[44] Sinn H.-W. (2012). *Die Target-Falle: Gefahren für unser Geld und unsere Kinder*, Carl Hanser.

[45] Wagenknecht S. (2012). *Freiheit statt Kapitalismus: Über vergessene Ideale, die Eurokrise und unsere Zukunft*, Campus.

[46]	Weik M., Friedrich M. (2014). *Der größte Raubzug der Geschichte – Warum die Fleißigen immer ärmer und die Reichen immer reicher werden*, Bastei Lübbe.
[47]	Weik M., Friedrich M. (2016). *Kapitalfehler*, Bastei Lübbe.
[48]	Werner R. A. (2005). *new paradigm in macroeconomics – solving the riddle of japanese macroeconomic performance*, palgrave macmillan.
[49]	Werner R. A. (2007). *Neue Wirtschaftspolitik – Was Europa aus Japans Fehlern lernen kann*, Vahlen.
[50]	Wozniewski H. (2004). *Wir leben in einem großen Monopolyspiel.* Humane Wirtschaft Mai/Juni 2004.
[51]	Wozniewski H. (2007). *Wie der Nil in der Wüste.* Books on Demand GmbH, Norderstedt.
[52]	Wozniewski H. (2009). *Wie der Nil in der Wüste, Ergänzungsband.* Books on Demand GmbH, Norderstedt.